www.tredition.de

AF186229

Das ultimative Milbenbuch

Milbe/Allergie - alles drin!

Kompliziert war gestern.

von

Dr. Rüdiger Wahl & Christian Ellmers

www.tredition.de

© 2021 Dr. Rüdiger Wahl & Christian Ellmers

Zeichnungen: Rolf Rettich, Sandra Wahl

Verlag und Druck:
tredition GmbH, Halenreie 40-44, 22359 Hamburg

ISBN
Paperback: 978-3-347-27382-5
Hardcover: 978-3-347-27383-2
e-Book: 978-3-347-27384-9

Dieses hanseatisch geprägte Werk wurde erstellt, um scheinbar komplizierte Zusammenhänge einfach zu erklären.

Der Mensch im Zentrum der Fragestellung zu allergieauslösenden Faktoren und Hintergründen der Hausstaubmilbenallergie.

Mit fundiertem Fachwissen untermauert, bieten wir einen leicht verständlichen Ansatz zur Erklärung einer weit verbreiteten Allergieform

„Erstaunlich, es sind wiedermal die kleinsten Bestandteile in unserer Umgebung, die wir mit dem bloßen Auge nicht einmal wahrnehmen können, die unser Leben so nachhaltig beeinflussen."

Unser Dank gilt allen die uns unterstützt haben.

Inhalt

Prolog

Ein Vorwort von Dr. med. Klaus Polke:
(Innere Medizin - Anaesthesiologie - Pneumologie - Allergologie – Umweltmedizin)

Rüdiger Wahl, mir seit 1993 bekannt, ist mit diesem umfangreichen Büchlein aus der Allergologie nicht mehr wegzudenken.

Die „Milben-Allergie" - für so viele Menschen eine qualvolle Erkrankung - wird erst mit diesem Werk verständlich.

Wie bereits in dem ersten Werk „Allergie Ganz einfach" benutzt Wahl die ihm eigene spielerisch-humorvolle Erzählweise. Die Zusammenhänge von Diagnose bis zur Therapie dieser Krankheit sind trefflich erklärt.

Durch den Koautor Christian Ellmers als Spezialist für die vorbeugenden Maßnahmen gegen die Milbenallergie wird das Thema abgerundet und ergänzt.

Auch ein Laie kann aus diesem Werk durch seine witzigen Stil schnell Vieles verstehen und daraus lernen.

Dieser Allergie kann sehr gut begegnet werden.

Dieses Büchlein gehört auch in jede Bibliothek des an Allergie interessierten Arztes

Sätze von Herrn Professor Dr. med. Gunnar Johansson (Karolinska Institutet, Stockholm, Upsala 04.01.2021)

Dear Rüdiger,

I am impressed by your ambition to publish a book of allergy, which, I think, I understand, is not directed only to clinical specialists.

I had the pleasure of discover a new immunoglobulin in June, 1965, classified as IgE by WHO in February, 1968. And together with many friends, including you, all over the world to characterize its immunological and biological key role in allergy.

Herr Professor Johansson hat in den Sechzigern, zur Zeit der Beatles das Immunglobulin E (IgE) im Blut/Serum des Menschen entdeckt.

Durch seine Entdeckung des IgEs wurde die Allergie auf eine wissenschaftliche Basis gestellt. Zig Allergiefirmen müssen ihm dankbar sein, denn nur so konnten diese aufgebaut und sehr viel Geld verdient werden. Das geht über spezifische IgE Tests bis hin zur spezifischen Immuntherapie und der seit einiger Zeit heiß diskutierten molekularen Allergologie.

Millionen von Allergikern müssen ihm dankbar sein, denn nur so konnte ihnen geholfen werden und ihre allergischen Beschwerden konnten deutlich gelindert, ja sogar deutlich geheilt werden.

Danke lieber Gunnar auch im Namen vieler, vieler Allergiker/innen weltweit.

Hamburg 29.1.2021

Über die Autoren

Dr. Rüdiger Wahl

ist zwar schon im fortgeschrittenen Alter, aber von der Allergie noch so fasziniert wie von dem Tag an, wo er im Oktober 1980 bei einer sehr großen Allergiefirma in Hamburg, nach der Promotion zu Dr. rer, nat abgeschlossen hatte, in der Forschungs- und Entwicklungsabteilung seine Arbeit antrat.

Hier nur kurz, mehr können sie über seine Webseite www.allergie-experte-und-poet.de entnehmen.

Er hat in nationalen und internationalen Journalen über 200 Arbeiten veröffentlich in Deutsch und Englisch. Er hat drei Allergie und andere Bücher geschrieben, bekam für seine Innovation INA (individuelle native Allergie Diagnostik, Magic Stick) auf dem Deutschen Allergiekongress in München 2012 den ersten Preis. Er verfügt über 40 Jahre Erfahrung auf dem Gebiet der Allergie, war viele Jahre Mitglied des CIA (Collegium Internationale Allergologicum) und hat wohl während seiner Laufbahn an die 800 Vorträge auf Kongressen und vor Ärzten/innen gehalten, in deutscher und in englischer Sprache und hat die ultimative Rock CD ,Long live Allergy' erstellt.

Ja und dann traf er auf Herrn Ellmers, der ihn durch sein Enthusiasmus für die Allergie animiert hat das Buch hier zu schreiben. Dafür bin ich ihm sehr dankbar.

Christian Ellmers

Hat Politik und Soziologie studiert, eine abwechslungsreiche berufliche Vita und diversen Bereichen aufzuweisen und u.a. im Jahr 2012, die von der Insolvenz bedrohte Firma Avantal Deutschland gekauft.

Seither vertreibt die Firma unter www.avantal.de Produkte für Allergiker.

Das bestreben immer neue Wege zu gehen und auch ein komplexes Thema wie die Allergie mit neuen Medien zu verknüpfen bildete die Grundlage für die Kontaktaufnahme mit Herrn Dr. Wahl.

Zusammen haben die beiden gänzlich unterschiedlichen Männer begonnen Videos für YouTube zu produziert und Bücher zu schreiben.

Ein Dank für die tolle Zeit und ein frohes Moin geht von Bremen an die Alster.

Einflussfaktoren auf unsere Gesundheit

Rolf Rettich zeichnet hier den unglücklichen erkrankten Menschen in einer verschmutzen Umwelt. Symbolisch steht dieses Bild für das Gefühl, dass wir verspüren, wenn wir uns unwohl und durch äußere Einflüsse bedingt schlecht fühlen. Ein Gefühl das auch Allergiker verspüren wenn Ihr Leben durch die Allergie bestimmt wird. Der erste Schritt ist die Hintergründe dieses Gefühls zu verstehen, dazu soll dieses Buch beitragen.

Kapitel 1

Historie zur Milbe, Hausstaub und seine Komponenten

1698 wurde schon von der krank auslösenden Wirkung des Hausstaubs berichtet.1888 untersuchte Cooke ob im Hausstaub Substanzen enthalten sind, die Krankheiten auslösen können und sich auf Personen negativ auswirken.

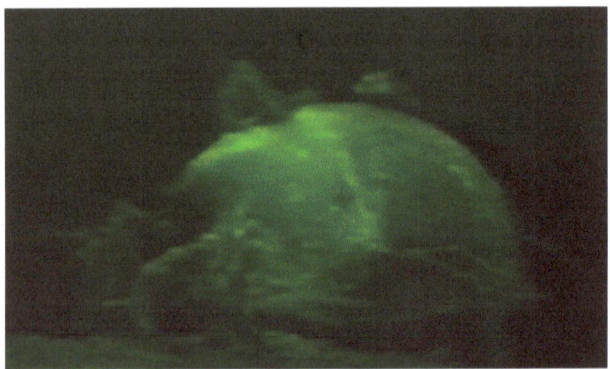

Erst seit 1952 ist die Hausstaubmilbe Dermatophagoides pteronyssinsus bekannt (in der nachfolgenden Abbildung unter einem rasterelektronen Mikroskop)

1964 ermittelte Voorhorst das die Hausstaubmilbe Dermatophagoides pteronyssinus für die krankmachenden Symptome bei entsprechend disponierten Menschen auf Hausstaub verantwortlich ist. Von da an stand der Hausstaub und die Milben im Fokus wissenschaftlicher Untersuchungen verschiedener Arbeitsgruppen.

Von Bronswik fand das noch andere Milbenarten als Dermatophagoides pteronyssinus sich im Hausstaub befinden. Sehr viele Forschungsgruppen befassen sich mit dem Allergen Hausstaub und hier besonders unter Berücksichtigung der Milben.

Je länger man sich damit beschäftigte umso mehr unterschiedliche Milbenarten konnten im Hausstaub ermittelt werden. So konnte festgestellt werden, dass nicht nur die Hausstaubmilbe Dermatophagoides pteronyssinus und Dermatophagoides farinae allergieauslösende Wirkung hat, sondern auch die Raubmilbe Chyletus eruditus und die Vorratsmilben wie z.B. Acarus siro und Lepidoglyphus destructor.

Aber der Hausstaub enthält nicht nur die Milben als Allergene, sondern wie ich zeigen konnte, je nach Jahreszeit verschiedene Pollen wie Gräser- und Baumpollen, die Allergien auslösen können und auch Nahrungsmittelpartikel und auch, wenn Tiere im Haushalt gehalten werden, die entsprechenden Tierallergene wie z.B. von der Katze und dem Hund. Auch können z.B. von der Tochter, wenn sie vom Reiten kam, entsprechende Pferdeallergene mit ins Haus und somit in den Hausstaub eingeschleppt werden. Die Allergene des Pferdes sind sehr aggressiv.

All diese Komponenten müssen bei einer Hausstauballergie mitberücksichtigt werden, wobei die Hauptallergenquelle die Milben und hier besonders die Hausstaubmilbe Dermatophagoides pteronyssinus darstellt.

Auch konnte ich Allergene des Ficus benjamina, der Birkenfeige im Hausstaub nachweisen (Abb. 1).

Wie ist das zu erklären?

Ein Herr bekam immer allergische Reaktionen im Büro und konnte sich das nicht erklären! Bei einer Begehung des Büros konnte ich feststellen das sich dort ein Ficus benjamina befand. Das ließ mich aufhorchen und ich untersuchte mit speziellen biochemischen Techniken den Hausstaub auf Allergene, nicht nur auf die Hausstaubmilbe und wurde fündig. Ich konnte Allergene des Ficus benjamina (Birkenfeige) im Hausstaub nachweisen. Dazu setzte ich einen speziellen Test, den Enzym Allergo Sorbent Hemmtest (EASTHemmtest) ein.

Der Hausstaub legte sich auch auf die Blätter des Ficus benjamina. Die Blätter senden einen latexartigen Saft aus, der vom Hausstaub gebunden wurde. So kamen die Ficusallergene (Latexsaft) in den Hausstaub. Durch den Hausstaub werden die Allergene durch Windbewegung im Wohnraum verteilt und so wird er auch von den Personen, die sich in dem Raum befinden, eingeatmet. Der Herr inhalierte über den Hausstaub die darin enthaltenen Allergene, hier auch Ficus, mit ein. Der Test auf die Hausstaubmilbe war negativ.

Abb. 1   Ficus benjamina (Birkenfeige) – der "Gummibaum" des zwanzigsten Jahrhunderts?

Hausstaub ist somit eine große Allergenquelle wo die Hausstaubmilbe Dermatophagoides pteronyssinus das wichtigste Allergen darstellt. Aber auch an andere Allergene sollte man bei einer Hausstauballergie denken.

Als ich einmal eine Asthmaklinik aufsuchte stand mitten im Eingang ein Ficus benjamina (Birkenfeige). Ich dachte na das ist ja gerade nicht so optimal für Allergiker und machte den Direktor der Klinik darauf aufmerksam und informierte ihn von meinen Untersuchungen zum Ficus und Hausstaub. Als ich das nächste mal kam war die Pflanze entfernt. So kann man auch Allergene auf ganz einfache Art und Weise meiden, indem man sie einfach eliminiert, aber immer geht das natürlich nicht. So kann man Pollen nicht einfach so eliminieren. Da muss man schon andere Wege gehen, wie z.B. der Einsatz von Pollengittern, die man vor das Fester spannt, um die Pollen beim Öffnen des Fensters zurück zu halten.

Fazit

Hausstaub stellt eine sehr große Allergenquelle dar, wo die Hausstaubmilbe Dermatophagoides pteronyssinuis die Hauptallergenquelle darstellt. Das sollte man wissen wenn man im Wohnbereich mit allergischen Erkrankungen zu kämpfen hat. Hier ist u.a. der Einsatz von Akariziden sehr hilfreich. Auch können hier sehr hilfreich die Überzüge, Encasings zum Einsatz im Schlafbereich geeignet sein oder spezielle Staubsauger und natürlich die spezifische Immuntherapie oder die Behandlung mit Symptomatika.

Kapitel 2

Hausstaubmilben, wo kommen die „kleinen Monster" vor?

Die Hausstaubmilben kommen im ganzen Wohnbereich des Menschen vor. Sie leben da wo ausreichend Nahrung für sie vorliegt, nämlich die Hautschuppen des Menschen, die durch Schimmelpilze zur Nahrungsaufnahme durch die   Milben vorbereitet werden.

Deshalb sollten Hausstaubmilbenallergiker wie Dermatophagoides pteronyssinus auch bei der In-vitro, wie z.B. Allergenscheiben spez. IgE Test auf die Schimmelpilze wie z.B. Alternaria tenuis (alternata) mit getestet werden, um eine Schimmelpilzallergie bei dem Patienten auszuschliessen. Wichtig für das Vorkommen der Hausstaubmilben ist, dass die klimatischen Verhältnisse stimmen. Eine erhöhte Luftfeuchtigkeit, wie sie z.B. im Schlafzimmer herrscht, wird von ihnen sehr bevorzugt.

Da sie ein sehr hohes allergenes Potential darstellen sind ca. 35% der deutschen erwachsenen Bevölkerung auf die Hausstaubmilbe sensibilisiert. Das ist nicht mit allergisch gleich zu setzen. Ob es sich auch um eine Allergie handelt, kann nur der Provokationstest zeigen (kommt später).

Bei der Überprüfung der Inhalationsallergie auf Hausstaub, kontaminiert mit den Hausstaubmilben, würde man den nasalen Provokationstest mit einem Hausstaubmilbenallergenpräparat durchführen.

Wie sieht es nun explizit mit den Räumlichkeiten aus wo sich die Milben aufhalten können?

Da im Neubau die Nahrungsquelle fehlt, gibt es da auch keine Hausstaubmilben. Die Nahrungsquelle (Hautschuppen) wird durch den Menschen hereingetragen. Aber im Mittel dauert es zwei Jahre bis die Hausstaubmilbenpopulation so hoch ist das sie ein allergenes Risiko für den/ die Bewohner der Wohnung darstellen können.

Die Luftfeuchtigkeit ist für die Milben sehr wichtig. Da in alten Gebäuden die Luftfeuchtigkeit höher ist als in Neubauten, gibt es auch mehr Milben in den alten Gemäuern als im Neubau.

Auch mit der Zunahme der Personenzahl in Räumlichkeiten nimmt die Luftfeuchtigkeit zu und somit die Anzahl der Milben.

Untersuchungen zeigten, dass die höchste Hausstaubmilbenbelastung im Schlafbereich wie Matratze und Bett ist, Kopfkissen, Bettlaken und Bettdecke. Da kämen dann die Encasings zum Einsatz, um den Kontakt des Menschen mit den Milben zu reduzieren.

Die Behauptung das bei Oberbetten auf Basis von Kunststoff sich weniger Milben aufhalten als z.B. in Daunenbetten, ließ sich nicht bestätigen. Es kommt auf die Hautschuppen als Nahrungsquelle für die Hausstaubmilben an und nicht die Art der Befüllung der Bettdecke.

In anderen Räumen des Wohnbereichs war die Hausstaubmilbenbelastung nicht so hoch ausgeprägt wie im Schlafzimmer.

Man kann eine Art Hitliste bezüglich der Hausstaubmilbenbelastung aufstellen:

Schlafbereich>Polstermöbel>Teppich>Kleidung etc. Die Milben halten sich bevorzugt dort auf wo große Staubansammlungen vorliegen.

Pro Gramm Staub können bis zu 20 000 Hausstaubmilben z.B. Dermatophagoides pteronyssinus vorliegen. Mit dem Magic Stick (Hausstaubmilbenallergen-Detektor) konnte ich auch auf der menschlichen Haut und den Haaren des Menschen Dermatophagoides pteronyssinusallergene nachweisen. Der Magic Stick ist zum Nachweis der Hausstaubmilbenallergene aber nicht der „Monster" von mir entwickelt worden. Die Hausstaubmilbenallergene kommen über die Kleidung auf die menschliche Haut.

Mit dem Magic Stick konnten auf Ledersitzen des Autos keine Hausstaubmilbenallergene nachgewiesen werden. Das ist wohl darauf zurückzuführen, dass sich die vom Menschen verlorenen Hautschuppen sich nicht auf der Oberfläche halten und somit auch nicht die Milben vorkommen, da es keine Nahrung gibt. Das vermute ich mal so.

Hausstaubmilbenallergiker sollten ihre Polstermöbel durch Ledermöbel ersetzen, um die Hausstaubmilbenpopulation zu reduzieren.

Gibt es eigentlich saisonale Schwankungen für die Hausstaubmilben?

Im Sommer wurde ein Maximum der Hausstaubmilbenanzahl beobachtet, im Winter ein Minimum. In den Monaten September und Oktober ist die Milbenzahl am höchsten, da zu dieser Jahreszeit noch ausreichend Temperatur und Luftfeuchtigkeit vorliegt, was optimal für die Hausstaubmilben ist.

Im Winter sterben die Milben überwiegend ab. Das hat mit den normalen Lebenszyklus zu tun und durch die Abnahme der Luftfeuchtigkeit im Wohnraum, da dieser im Winter sehr oft geheizt wird und die Luftfeuchtigkeit deutlich abnimmt. Aber wenn die Milben absterben bleiben die entsprechenden Allergene, die für die allergischen Reaktionen beim Menschen verantwortlich sind, vorhanden.

Ich meine, dass bei der Milbenallergie zu sehr das „Monster" im Mittelpunkt steht und leider nicht so sehr die Allergene der Hausstaubmilbe, die für die allergischen Reaktionen verantwortlich sind. So kommt eines der Hauptallergene der Hausstaubmilbe Dermatophagoides pteronyssinus Der p 1 im Faeces (Kot) der Milbe vor. Es ist ein sehr sehr wichtiges Allergen bei der Hausstaubmilbenallergie.

Also kann man zurecht sagen, dass es sich bei der Hausstaubmilbenallergie um ein ganzjähriges (perenniales) Allergen handelt und somit die Patienten das ganze Jahr darunter leiden, wobei hier am stärksten im September und Oktober.

Fazit

Die Hitliste der Vorkommen der Milben ist Schlafbereich>Polstermöbel>Teppich>Kleidung etc. In Neubauten konnten in den ersten zwei Jahren kaum Milben nachgewiesen werden, aber hoher Milbenbefall konnte in Altbauten nachgewiesen werden. Die stärkste Milbenbelastung im Wohnbereich liegt im September und Oktober vor, aber auch an anderen Monaten gibt es die Milben, somit leidet der Patient das ganze Jahr an der Hausstaubmilbenallergie. Man spricht hier von einer perennialen Allergie im Gegensatz zur saisonalen Allergie (z.B. Gräser-, Baumpollen).

Kapitel 3

Milbe gleich Milbe?

Die Hausstaubmilben werden auch mit Pyroglyphidae bezeichnet. Es gibt 34 Arten der Pyroglyphidae. Von diesen 34 konnten 20 im Hausstaub
nachgewiesen werden. Den größten prozentualen
Anteil im Hausstaub nehmen von den 20 Pyrogly-
phidaen die drei Hausstaubmilben

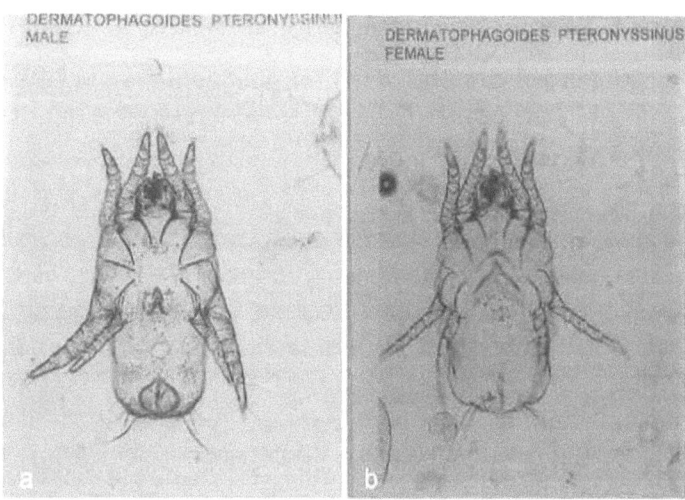

Abb. 2. Hausstaubmilbe Dermatophagoides pteronyssinus (mikroskopische Vergrößerung).
Foto: Allergon, Schweden.

Dermatophagoides pteronyssinus (Abb. 2),

Dermatophagoides farinae und Euroglyphus maynei
ein. Auch ich konnte mit Kolleginnen zeigen, dass
zwischen diesen drei Hausstaubmilben eine Kreuzreaktion vorliegt.

Besonders die Hausstaubmilbe Dermatophagoides pteronyssinus und deren Stoffwechselprodukte und die entsprechenden Allergene spielt bei der Hausstauballergie die wichtigste Rolle.

Die bisher im Hausstaub gefundenen Hausstaubmilben scheinen alle blind und gehörlos zu sein, aber einen ausgeprägten Geruchssinn zu besitzen. Sie haben keine Beine und leben 3-4 Monate. Während der gesamten Lebensdauer legt ein Weibchen ca. 300 Eier. Mit bloßem Auge sind sie nicht zu erkennen. Sie sind ca. 0,3mm groß.

Die Milben gehören zu den Spinnentieren. Neben den Milben gehören zu den Spinnentieren auch die Spinnen und Zecken.

Eine kleine Idee, wenn sie so einen guten Geruchssinn haben, dann könnte man doch zum Anlocken der Milben Sexuallockstoffe sogenannte Pheromone einsetzen und sie so in die Falle locken. Wurde darüber schon einmal nachgedacht? Gern bei mir melden. Von den Milben (Acari) sind mehr als 30 000 Arten bekannt. Wie gesagt ist die Hauptallergenquelle des Hausstaubs die Hausstaubmilbe.

Die Sensibilisierungsrate bei Personen in Deutschland gegen Hausstaubmilben liegt bei 57,7%.

Eine interessante Milbe stellt die Raubmilbe Chyletus eruditus dar. Sie ist der Feind der beiden Hausstaubmilben und der Vorratsmilben. Die Raubmilben fressen nicht nur die Hausstaub- und Vorratsmilben sondern stellen leider selbst ein Allergen dar, wie ich mit Mitarbeitern zeigen konnte. Etwa 10% aller Milben im

Hausstaub stellen die Raubmilben wie Chyletus eruditus und können wegen ihrer eigenen Allergenität nicht als „Milbenkiller" eingesetzt werden.

Neben den Hausstaubmilben spielen die Vorratsmilben auch eine wichtige Rolle. Zu den Vorratsmilben zählen die zwei Familien Glycyphagidae und Acaridae.

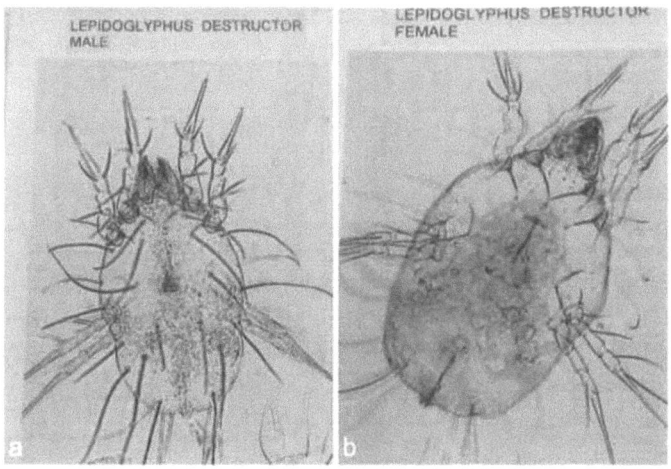

Abb.3 Von links nach rechts (mikroskopische Vergrößerung): Vorratsmilbe Lepidoglyphus destructor männlich, weiblich. Foto. Allergon, Schweden.

Die bekanntesten Vorratsmilben sind Acarus siro, Lepidoglyphus destructor (Abb. 3) und Tyrophagus putrescentiae.

Die Vorratsmilben sind überwiegend im landwirtschaftlichen Bereich zu finden.

Für Personen, die im landwirtschaftlichen Bereich tätig sind, stellen die Vorratsmilben die größte Allergenquelle dar.

Die oben aufgeführten drei Vorratsmilben konnten auch in städtischen Wohnungen nachgewiesen werden.

Die Vorratsmilben spielen auch bei der Tierallergie eine wichtige Rolle, denn Tiere wie z.B. Pferde, können auch wie der Mensch allergische Reaktionen zeigen. So reagieren Pferde nicht auf das Stroh allergisch, sondern auf die im Stroh vorkommenden Vorratsmilben. Auch in Tierfutter konnten die Vorratsmilben nachgewiesen werden, was für Tiere eine Allergenquelle darstellt.

Gemeinsam mit Herrn Professor Bergmann, Charite Berlin, konnte ich nachweisen, dass eine Haut-Prick-Testlösung, die mit Stroh bezeichnet wurde, nur aus Vorratsmilben bestand, die Kontamination des Strohs. Dazu wurde von mir der EAST-Hemmtest eingesetzt. Reines Stroh stellt kein Allergen dar, sondern deren Kontaminationen wie mit Milben, Schimmelpilze und Tierallergenen.

Insgesamt sind 25,5% der Atopiker gegen Vorratsmilben sensibilisiert. Atopiker heißt, dass die Allergie vererbt wird.

Wenn beide Elternteile Allergiker sind liegt die Chance, dass das Kind auch Allergiker wird bei ca. 75%, wenn nur ein Elternteil Allergiker ist bei ca. 50%. Aber es kann auch Allergien entwickeln wenn kein Elternteil Allergiker ist. Man spricht dann von einer aufgesetzten Allergie. Das gilt besonders für Berufsallergien. Aber auch bei der Berufsallergie spielt die Vorratsmilbe eine Rolle, nämlich bei den Bäckern, da sie im Mehl vorkommen können und so beim Arbeiten mit Mehl von dem Bäcker inhaliert werden. Das sollte beim Bäckerasthma mitberücksichtigt werden. Aber wie Herr Professor Schulze Werninghaus, Bochum zeigte, kommt im Mehl auch der Reismehlkäfer vor, der ebenfalls allergene Potenz hat.

Die Sensibilisierung auf die Vorratsmilben betrifft weniger als die Hälfte der Atopiker, die gegen die Hausstaubmilbe wie Dermatophagoides pteronyssinus-sensibilisiert sind.

Hautschuppen sind das optimale Futter für die Hausstaubmilben. Deshalb kommen sie ja auch vermehrt im Schlaf/ Bettbereich vor, da dort viele Hautschuppen vorliegen. Die Hautschuppen werden von Schimmelpilzen für die Hausstaubmilben zum Verzehr vorbereitet. Der Mensch verliert pro Tag ca. 1,5g Hautschuppen. Auch liegt im Schlafzimmer die optimale Raumtemperatur (ca. 20°C) und hohe Luftfeuchtigkeit (ca. 80%) vor. Die Anzahl der Milben im Wohnbereich variiert zwischen 10 und 1000 Milben pro Gramm Staub.

Fazit

Die wichtigsten Milben im Hausstaub stellen die drei Hausstaubmilben Dermatophagoides pteronyinus, Dermatophagoides farinae und Euroglyphus maynei dar. Ca. 60% der Atopiker sind auf die Hausstaubmilben sensibilisiert. Neben diesen Hausstaubmilben spielen die Vorratsmilben besonders im ländlichen Bereich eine wichtige Rolle, wie Acarus, Tyrophagus und Lepidoglyphus. Der Feind dieser Milben ist die Raubmilbe Chyletus eruditus, die aber selbst ein Allergen darstellt und somit nicht als Waffe gegen die Hausstaub- und Vorratsmilben eingesetzt werde kann, da wirken Akarizide deutlich besser, doch dazu später.

Kapitel 4

Nachweismethoden Milbe, Zählungen und mehr

Zum Nachweis der Milben gibt es verschiedene Nachweismethoden. Der Nachweis kann aus den Staubproben erfolgen, der mit dem Staubsauger gewonnen wurde. Es werden dabei überwiegend nicht die Milbenallergene bestimmt sondern der Anteil von lebenden und toten Milben in der Staubprobe.

Es gibt dafür verschiedene Methoden wie die mobility Methode. Bei dieser Methode wird die spontane Mobilität der Hausstaubmilben ausgenutzt. Das ist keine Methode für den Hausgebrauch. Sie eignet sich zur Zählung der Milben unter dem Mikroskop (Labormethode).

Eine weitere Methode ist die heat escape Methode. Diese Methode macht sich zu Nutze, dass die Milben bei hohen Temperaturen zu kühleren Orten wandern, da sie sehr sensibel auf Trockenheit reagieren. Auch das ist keine Methode für den Hausgebrauch sondern ebenfalls nur für das Labor geeignet.

Die Milbenzählung erfolgt wieder unter dem Mikroskop. Für den mikroskopischen Nachweis der Milben müssen diese von den Schmutzpartikeln und Staubpartikeln befreit werden. Unter dem Mikroskop kann auch differenziert werden, welche Milben z.B. Dermatophagoides pteronyssinus, Dermatophagoides farinae, Acarus siro, Lepidoglyphus etc. in der Hausstaubprobe vorhanden sind.

Die heat escape Methode wird von Firmen eingesetzt, die an Allergiefirmen Milben verkaufen, damit sie die entsprechenden Präparate, die beim Patienten eingesetzt werden, herstellen können, die zur Diagnose und Therapie benötigt werden. Dazu müssen die Milben hoch rein gewonnen werden. Dazu eignet sich sehr gut die heat escape Methode. Aber eine Reinheit wird auch damit unterstützt, dass die Milben auf speziellen Medien (Leber) gezüchtet werden. Ja richtig, es gibt Firmen, wie z.B. Allergon, Ängelholm, Schweden, die sich nur mit der Züchtung und Verkauf der Milben befassen, sowohl von diversen Hausstaubmilben als auch Vorratsmilben. Der Rohstoff ist relativ teuer, denn die Reinherstellung ist sehr aufwendig für die Firmen.

In den Nordic guidelines ist auch beschrieben, wie hoch die Reinheit der Milben sein muss, um für die Herstellung von Produkten eingesetzt zu werden.

Durch Einsatz von klonierten Antikörpern kann die Milbenallergenmenge über einen Immunochemical Assay nachgewiesen werden. Der Test kann als ELISA (Enzym linked Immuno Sorbent Assay) und RAST (Radio Allergo Sorbent Assay) durchgeführt werden. Auch hier handelt es sich um einen reinen Labortest. Deshalb soll hier darauf nicht weiter eingegangen werden. Der Nachteil dieser Methode ist der hohe zeitliche und technische Untersuchungsaufwand. Er ist recht teuer und kann nur von Fachpersonal in einem gut ausgestatteten Labor durchgeführt werden.

Eine Methode für den Hausgebrauch stellt der Nachweis von Guanin im Hausstaub dar. Das Guanin kommt im Kot der Hausstaubmilben vor. Der Kot (Faeces) ist die Hauptquelle für das Hauptallergen Der p1.

Guanin kommt aber auch im Kot von Spinnen und Vögeln vor, somit kann, wenn der Guaningehalt im Hausstaub mit einem speziellen Test ermittelt wurde, nicht ausgeschlossen werden, ob das Guanin nun wirklich nur von den Milben herrührt oder von Spinnen, von Vögeln, ist eher ausgeschlossen, wenn man nicht z.B. einen Wellensittich oder Kanarienvogel im Haushalt hält, der in der Wohnung frei herumfliegen kann und seine seinen Kot ablässt, der sich dann im Hausstaub wiederfindet und dann einen falschen Guaninwert, bezüglich der Milben, vortäuschen kann.

Aber wichtig ist für den Patienten der Nachweis der Allergene der Hausstaubmilben in dem Hausstaub. Denn die Allergene verursachen die allergischen Reaktionen bei dem Patienten wie Rhinitis, Rhinokonjunktivitis und Asthma bronchiale. Bisher gab es einen solchen einfachen Test noch nicht, aber die Entwicklung zu einem solchen Test, mit dem man auf ganz einfache Art und Weise die Milbenallergene mit einem einfach zu handhabenden Teststreifen auf dem Teppich, Bett, Kleidung, ja sogar der menschlichen Haut etc. nachweisen kann, konnte sehr erfolgreich von mir abgeschlossen werden. Er zielt ganz genau auf die Detektion der Hausstaubmilbenallergene von Dermatophagoides pteronyssinus. Er bestimmt nicht tote oder lebende Milben und die Messgrundlage ist auch nicht Guanin. Die Messgrundlage stellen die Hausstaubmilbenallergene von Dermatophagoides pteronyssinus dar, die die Allergie auslösen. Der Test ist so einfach, dass jeder ihn bei sich zu Hause in kürzester Zeit durchführen kann. Die händische Zeit beträgt nur 5 bis 10 Minuten. Nach 3 Stunden liegt das Ergebnis schon vor.

Fazit

Es gibt verschiedene Methoden zur Zählung von Milben. Es handelt sich aber immer um Labormethoden. Mit einem Test, kein Labortest sondern Patiententest, kann der Guaningehalt in Hausstaubproben bestimmt werden. Guanin kommt im Kot der Milben vor, aber auch von Spinnen und Vögeln. Das kann das Ergebnis, was den Guaningehalt der im Hausstaub betrifft, verfälschen. Zum Nachweis der Hausstaubmilbenallergene von Dermatophagoides pteronyssinus befindet sich ein Test, der Magic Stick, im Endstadium der Entwicklung.

Kapitel 5

Hausstaubmilben und Vorratsmilben ist da was?

Zwischen den Hausstaubmilben wie Dermatophagoides pteronyssinus und Dermatophagoides farinae und den Vorratsmilben Acarus siro, Lepidoglyphus destructor, Tyropagus putrescentiae und Glycyphagus domesticus liegt keine Kreuzreaktion vor, d.h. sie haben keine gemeinsamen Allergene. Wenn Patienten sowohl auf die Hausstaubmilben als auch auf die Vorratsmilben sensibilisiert sind bzw. allergisch reagieren, dann liegt eine unabhängige Sensibilisierung oder eine sogenannte Cosensibilisierung vor.

Ich konnte mit Mitarbeitern dazu eine interessante Beobachtung machen, wobei ich den spezifischen IgE Allergenscheiben ELISA (Enzym Linked Immuno Sorbent Assay, späteres Kapitel) einsetzte.

Was habe ich gemacht?

Ich habe Seren von Dermatophagoides pteronyssinus sensibilisierten Patienten mit den Allergenscheiben der Hausstaubmilbe Dermatophagoides pteronyssinus und der Vorratsmilbe Acarus siro mit dem spezifischen IgE EAST gemessen. Genau so ging ich vor, in dem ich Seren von Vorratsmilben (Acarus siro) sensibilisierten Patienten mit Allergenscheiben der Vorratsmilbe Acarus siro und der Hausstaubmilbe Dermatophagoides pteronyssinus im spezifischen

IgE EAST (Enzym Allergo Sorbent Assay) gemessen hatte.

Im Haut-Prick-Test zeigten die Patienten, von denen das Serum gewonnen wurden, ein positives Ergebnis auf Dermatophagoides pteronyssinus bzw. Acarus siro auf.

Die Vorratsmilben Glycyphagus domesticus und Tyrophagus putrescentiae scheinen aus allergologischer Sicht in einem engeren Zusammenhang zu stehen als zu der Vorratsmilbe Acarus siro, was Untersuchungen zeigten.

Ich setzte mit meinen Kollegen Acarus siro - Allergenscheiben für die Untersuchungen im EAST ein.

Die ermittelten Allergenklassen, die bei der spezifischen IgE Messung der Seren mit den Dermatophagoides pteronyssinus und Acarus siro Allergenscheiben im EAST gemessen wurden, wurden mit einander verglichen. Es wurde der Vergleich beurteilt Klasse 0 (negativ) und Klasse größer gleich 1 (positiv), d.h. wie war bei der spezifischen IgE Messung Dermatophagoides pteronyssinus zu Acarus siro die Übereinstimmung in den positiven und negativen Allergen (EAST)-Klassen?

Seren von 34 Dermatophagoides pteronyssinus und 13 Acarus siro sensibilisierten Patienten wurden gemessen. Bei den Hausstaubmilben sensibilisierten Patienten wurden 47,5% auch positiv mit der Vorratsmilbenallergenscheibe Acarus siro erfasst.

Da es zwischen den Hausstaub- und Vorratsmilben keine Kreuzreaktivität gibt, liegt hier eine Cosensibilisierung zwischen Dermatophagoides pteronyssinus und Acarus siro vor. Bei den Acarus siro sensibilisierten Patienten waren **92,3%** !!! auch auf die Hausstaubmilbe Dermatophagoides pteronyssinus sensibilisiert. Auch hier gilt wegen der mangelnden Kreuzreaktivität, dass eine Cosensibilisierung zwischen Acarus siro und Dermatophagoides pteronyssinus vorliegt.

Deshalb müssen Vorratsmilben sensibilisierte Patienten unbedingt auch auf die Hausstaubmilbe Dermatophagoides pteronyssinus mit getestet werden, d.h. sowohl im Haut-Prick-Test als auch in der spezifischen IgE Messung. Bei Vorratsmilben sensibilisierten/allergischen Patienten scheint eine Cosensibilisierung zur Hausstaubmilbe sehr wahrscheinlich zu sein, umgekehrt wohl nicht so sehr. Auch wenn die meisten Vorratsmilben in ländlichen Gebieten vorkommen, konnte Acarus siro auch oft in Stadtwohnungen detektiert werden.

Die in die Untersuchungen eingegangenen Seren stammten alle aus Haushalten in Essen, also nicht aus ländlichen Gebieten.

In Neubauten kommen sie nicht so häufig vor wie in älteren Bauten, da in Neubauten noch die Nahrungsquelle, Hautschuppen, fehlt. Sie sammeln sich erst mit der Zeit an, wenn der Mensch eingezogen ist und etwas länger darin wohnt und sich so auch Hautschuppen als Nahrungsquelle für die Milben ansammeln.

Auch in Tierfutter konnten u.a. Vorratsmilben detektiert werden.

Nun noch etwas Interessantes zur Hausstaubmilbe.

Die Körpertemperatur der Milbe beträgt 28°C. Sie können Temperaturen bis zu 45°C bis zu 24 Stunden überleben. Je höher die Temperatur steigt (>40°C) desto geringer ist die Überlebenschance der Milbe.

Bei -25°C über 6 Stunden überlebt keine Milbe.

In Papua Neu Guinea gab es lange keine Hausstaubmilben und somit auch keine entsprechenden Hausstaubmilbenallergiker.

Erst als die Matratzen eingeführt wurden, da kamen auch die Hausstaubmilben und somit gab es dann auch die entsprechenden Allergiker, weil nun ja auch die Hautschuppen im Bett und auf der Matratze vorlagen.

Die Allergie/ das Allergen wurde somit direkt durch die „segensreiche" Zivilisation in das vorher noch hausstaubmilbenfreie Land gebracht.

Also am Nordpol (Abb.4 und 5) wird man wohl keine Milben antreffen und in der Sahara wohl auch nicht.

Fazit

Es konnte ermittelt werden, dass Vorratsmilbenaller-
giker auch häufig auf die Hausstaubmilbe Dermato-
phagoides pteronyssinus sensibilisiert sind aber
Hausstaubmilbenallergiker nicht so häufig auf die
Vorratsmilben. Da zwischen den beiden Milben keine
Kreuzreaktivität vorliegt handelt es sich um eine
Cosensibilsierung. Bei -25°C über 6 Stunden überlebt
keine Milbe.

Kapitel 6

Die ganzjährige Allergie, einzelne Milbenallergene und Vorratsmilben

Die Allergene haben für sich unterschiedliche Zeiten im Jahr. So unterteilt man in saisonal (Pollen, Abb. 6.) und perennial, d.h. ganzjährig.

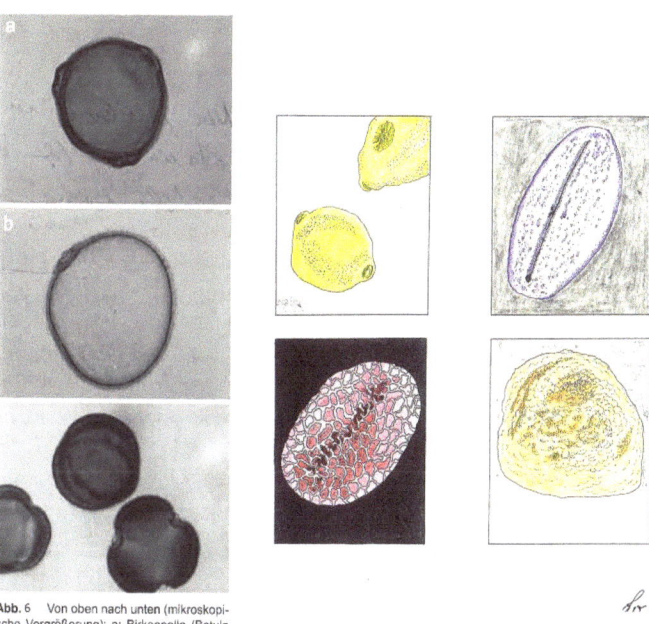

Abb. 6   Von oben nach unten (mikroskopische Vergrößerung): a: Birkenpolle (Betula pendula), b: Gräserpollen (Wiesenlieschgras), c: Kräuterpolle (Artemisia vulgaris). Foto: Allergon, Schweden.

Außerdem gibt es noch die Nahrungsmittelallergie (eigentlich auch perenniale Allergene), wo zusätzlich auch in einigen Fällen die Hausstaubmilbe eine Rolle spielt, doch dazu später. Es gibt noch die Bienen-

Wespengiftallergie, die Medikamentenallergie (perennial?), Tierhaarallergie (perennial?) etc. Man kann sagen, dass nahezu jedes Protein (Eiweiß) bei entsprechend disponierten Patienten Allergien auslösen kann. Besonders sind hier die Atopiker (Allergie wird vererbt) gefährdet. Immer wieder kommen neue Allergene hinzu, wie z.B. Latex.

Auch durch den Klimawandel werden wir in Deutschland mit Allergenen konfrontiert, an die wir bisher noch nicht gedacht hatten.

Zu den perennialen Allergenen zählen die Milben.

Die Hausstaubmilben sind das ganze Jahr allgegenwärtig. Besonders aggressiv sind sie im Herbst, da sie sich da oft zersetzen und die Allergene freigesetzt werden, die dann über den Hausstaub inhaliert werden. Die Milben bestehen aus vielen Proteinen mit unterschiedlichen Molekulargewichten. Aber nicht alle Proteine sind auch ein Allergen. Die wichtigsten Allergene der Hausstaubmilbe stellen folgende Allergene dar:

Der p1, Der p2, Der p23 und Der p10. Das Der p10, das sogenannte Tropomyosin, ein Muskelprotein spielt eine wichtige Rolle bei der Kreuzreaktion, doch dazu später. Der p1 und Der p2 bezeichnet man als Hauptallergen, d.h. mehr als 50% der Hausstaubmilbenallergiker sind darauf sensibilisiert. Dann gibt es noch die Intermediärallergene, d.h. 25-50% der entsprechenden Allergiker sind darauf sensibilisiert und das Minorallergen, d.h weniger als 25% der Hausstaubmilbenallergiker sind darauf sensibilisiert. Der p23 spielt eine wichtige Rolle bei der asthmatischen Ausprägung der Hausstaubmilbenallergie.

Um die Klassifizierung festzulegen wird eine protein-chemische Untersuchung mit den Seren durchgeführt, nämlich der Westernblot.

Sensibilisierung heißt nicht gleich dass man auch allergisch ist, aber es liegt eine sehr große Bereitschaft bei dem Patienten vor, eine Allergie zu entwickeln.

Da die Hausstaubmilbe ein perenniales Allergen ist leiden die entsprechend disponierten Personen das ganze Jahr darunter. Sie können den Milben nicht entgehen. Die Hausstaubmilben kommen überall vor, wie z.B. im Teppich (Abb. 8) im Schlafbereich hier besonders im Bett, da hier ihre Hauptnahrungsquelle ist, die menschlichen Hautschuppen (Abb. 7).

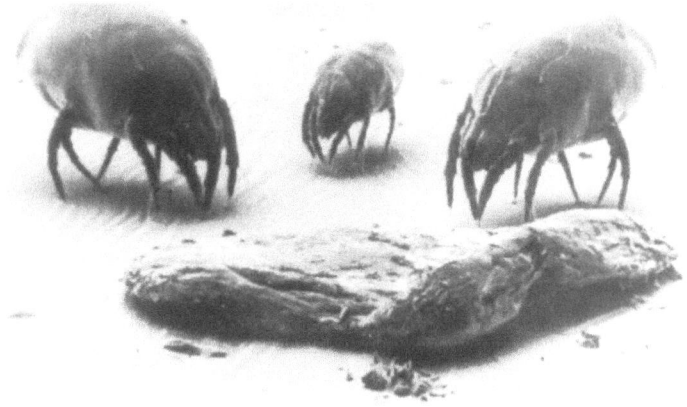

Abb. 7 . Elektronenmikroskopische Aufnahme einer „Milbenfamilie" beim Vertilgen einer Hautschuppe. Haut rein, Jungs!

Sie kommen aber auch auf Kleidungsstücken vor ja sogar, wie ich mit dem weltweit einmaligen Hausstaubmilben Detektor Test zeigen konnte The Magic

Stick, auch auf der menschlichen Haut und im menschlichen Haar.

Den Hausstaubmilben kann man einfach nicht entgehen. Zum Glück kann man sie mit bloßem Auge nicht sehen, denn sie sind nur ca. 0,3mm groß. Das wäre ja furchtbar wenn man sie mit bloßem Auge sehen könnte. So passen 5 Hausstaubmilben auf diesen Punkt (.).

Milben im Teppich Abb. 8

In ländlichen Gebieten spielen die Vorratsmilben wie z.B. Acarus siro eine wichtige Rolle. Die Vorratsmilben ernähren sich von Schimmelpilzen wie z.B. Alternaria tenuis (alternata). Schimmelpilze stellen auch ein großes Allergen dar. Deshalb sollte man bei Verdacht auf eine Vorratsmilbenallergie auch mit an die Schimmelpilze wie z.B. Alternaria tenuis (hier Abb. 9) und Cladosporium herbarum denken.

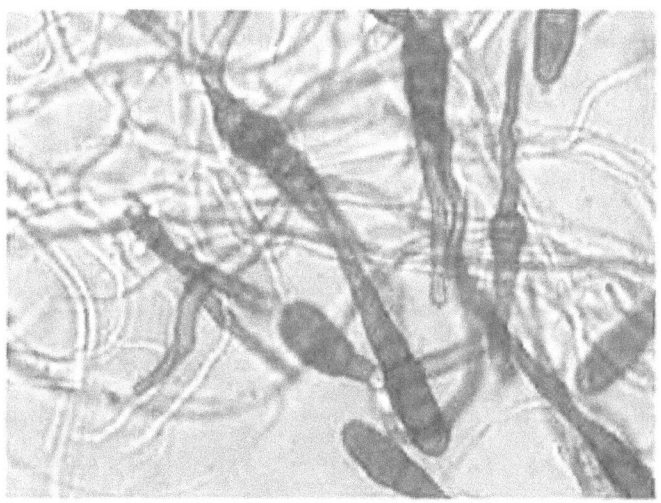

Abb. 9   Schimmelpilz Alternaria tenuis, elektronenmikroskopische Aufnahme (Foto Allergon, Schweden).

Auch dann, wenn man die entsprechenden diagnostischen Tests, wie In-vivo und In-vitro, durchführt. Das muss gemacht werden, um eine eventuell vorliegende Allergie auf die Schimmelpilze auszuschließen.

Fazit

Die Hausstaubmilbenallergie bezeichnet man als perenniale (ganzjährige) Allergie. Man kann den Milben kaum entkommen. Mit bloßem Auge kann man die Hausstaubmilben wie Dermatophagoides pteronyssinus nicht sehen, da sie nur ca. 0,3mm groß sind. Auch die Vorratsmilben ernähren sich von Schimmelpilzen, die selbst ein großes Allergen darstellen.

Kapitel 7

Was kann der Mensch gegen den Kontakt mit Hausstaubmilben tun?

Kann der Mensch/Patient etwas gegen den Kontakt mit Hausstaubmilben tun?

Wie schon erwähnt halten sich die meisten Hausstaubmilben wie z.B. Dermatophagoides pteronyssinus und Dermatophagoides farinae im Schlafbereich der Wohnung auf, denn da ist die Hauptnahrungsquelle für die Hausstaubmilben, nämlich die Hautschuppen des Menschen. Aber es gibt etwas, wie der Mensch den Kontakt mit den Hausstaubmilben deutlich reduzieren kann.

Das Positive an den Hausstaubmilben ist, sie können sich noch so depressiv wie sie wollen im Bett hin und her rollen und das Kopfkino läuft und läuft und sie kommen nicht zur Ruhe (Empfehlung: Meditation z.B. progressive Muskelentspannung nach Jacobsen oder Videos von Peter Beer, kann ich nur wärmstens empfehlen). Aber sie sind nicht allein, denn die Milben sind immer bei ihnen. Sie können die Hausstaubmilben aber auch auf sehr einfache Art und Weise isolieren.

Zur Meidung gibt es ganz spezielle Überzüge, sogenannte Encasings für das Bett und die Matratze.

Die Encasings sind aus einem ganz speziellen Material hergestellt, wodurch vermieden wird das die Hausstaubmilben, die ja nur ca. 0,3mm groß sind und

deren Exkremente, die auch Träger von Hausstaub-
milbenallergenen sind, durch das Material der Encasings hindurchdringen können. Die Exkremente
sind die Hauptträger für das Hauptallergen der Hausstaubmilbe Dermatophagoides pteronyssinus Der p1.

Mit einem von mir ausgedachten und entwickelten
Hausstaubmilben Allergendetektortest („The Magic
Stick") konnte ich zeigen, dass unter den Encasings
von der Matratze deutlich Hausstaubmilbenallergene
detektiert werden konnten, aber über dem Encasings
nicht. Das zeigte, dass die Hausstaubmilben, obwohl
sie so klein sind, vom Kontakt mit dem Menschen ab-
gehalten wurden.

So ist jedem Hausstaubmilbenallergiker wärmstens
zu empfehlen, entsprechende Encasings bei sich im
Schlafbereich einzusetzen, für die Matratze, Kopfkissen und Bettdecke. Sie sind sehr einfach in der Handhabung und haben eine lange Lebensdauer. Was
wird noch empfohlen?

Es wird empfohlen z.B. das Stofftier, auf dem sich
auch Hausstaubmilben befinden, für einige Zeit in die
Tiefkühltruhe, -20°C, zu legen, um so die Hausstaubmilben abzutöten. Das wurde von mir mit dem „Magic
Stick" umfangreich überprüft. Er konnte so ein 60
Jahre altes Gerücht widerlegen, nämlich es bringt gar
nichts z.B. das Stofftier in die Tiefkühltruhe bei -20°C
zu legen, was Jahrzehnte geglaubt wurde, aber
falsch ist.

Die Milben werden wohl abgetötet, aber die Hausstaubmilbenallergene bleiben voll in Takt und werden
durch die Kälte nicht zerstört. Selbst nach einer La-
gerung von einem Jahr bei -20°C konnten dort noch

Hausstaubmilbenallergene mit The magic Stick nachgewiesen werden.

Das durch das Einfrieren z.b. Stofftiere allergenfrei werden, glaubte man über 60 Jahre aber The Magic Stick deckte dieses Falschdenken auf.

Es ist aber auch naheliegend, dass die Hausstaubmilbenallergene nicht durch Kälte zerstört werden, denn Allergiefirmen frieren die die entsprechenden Allergenextrakte, wie auch die der Hausstaubmilbe bei -20°C ein und stellen dann daraus die entsprechenden Präparate zur Diagnose und Therapie her.

Wenn die Allergene durch die Kälte zerstört werden würden, wäre das gar nicht möglich solche Produkte herzustellen und beim Menschen einzusetzen.

Fazit

Um sich besonders im Schlafbereich gut und effektiv zu schützen, muss man Encasings, Überzüge aus besonders Hausstaubmilben allergendichten Material für das Bettzeug und die Matratze einsetzen.

Das Einfrieren bei -20°C von z.B. Stofftieren, auf denen sich auch Hausstaubmilben befinden, bringt gar nichts, d.h. führt zu keiner Linderung der allergischen Beschwerden des Patienten bei Kontakt z.B. mit dem Stofftier, auch wenn es aus der Tiefkühltruhe kommt. Die Hausstaubmilben werden wohl abgetötet, aber die Hausstaubmilbenallergene bleiben in Takt.

Was sonst noch angeboten wird, um sich vor den Hausstaubmilben zu schützen, wird in einem weiteren Kapitel aufgeführt. Das Schlagwort heißt Akarizide.

Kapitel 8

Milbenspray (Akarizide), Allergiker Staubsauger und was man noch gegen Milben tun kann

Der Einsatz von Encasings (spezielle milbenundurchlässige Überzüge) ist eine sehr gute Möglichkeit den Kontakt zwischen Mensch/Patient und Milben sehr deutlich zu reduzieren.

Aber welche Möglichkeiten gibt es noch für den Menschen um milbenfreier zu leben?

Darauf soll hier eingegangen werden.

Durch Wasser allein können Hausstaubmilben nicht abgetötet werden.

Untersuchungen zeigten, dass eine intensive Sonnenbestrahlung (ca. 40°C; heißer Sommer) bis zu sechs Stunden ausreicht, um lebende Milben abzutöten.

Auf den Einfluss von Kälte auf das Überleben der Milben wurde in einem anderen Kapitel aufmerksam gemacht und soll hier nicht noch einmal angesprochen werden.

Auch kann zum Abtöten von Milben an verschiedene Chemikalien gedacht werden, wobei hier immer auch beachtet werden muss, dass diese nicht auch den Menschen schaden dürfen. Deshalb muss man immer den Inhaltshinweis auf den entsprechenden Behältnissen ganz genau lesen, falls man diese zum Abtöten der Milben einsetzen will. Auch muss man die entsprechenden Sicherheitshinweise beachten.

Wässrige Tensidlösungen besitzen einen tödlichen Effekt auf die Hausstaubmilben. Um den Einfluss der Tenside zu untersuchen gab man Milben ins Leitungswasser mit unterschiedlichen Temperaturen. Sie überlebten 70°C reines heißes Wasser über 2 Stunden. Bei höherer Temperatur reduzierte sich das Überleben auf 30 min. Wenn man aber Tenside ins Wasser gab, reichte eine Temperatur von 60°C aus, um die Milben innerhalb von 15 Minuten abzutöten.

Auch wenn Fungizide, die zur Schimmelpilzbekämpfung eingesetzt werden, mit dazu beitragen die Nahrungsbasis für die Hausstaubmilben zu reduzieren, da die Hautschuppen von den Schimmelpilzen nicht mehr vorverdaut werden können, was wichtig für die Nahrungsaufnahme durch die Milben ist, sind Fungizide zur Hausstaubmilbenbekämpfung nicht geeignet. Sie sind ineffektiv und nicht zu empfehlen.

Insektizide können den Hausstaubmilben so gut wie nicht schaden, eher dem Menschen, denn sie können selbst toxisch oder allergen sein und sind somit als gesundheitlich bedenklich einzustufen. Auch sie sind zur Hausstaubmilbenbekämpfung nicht geeignet.

Wie sieht es nun mit Akariziden aus und was sind eigentlich Akarizide?

Akarizide sind Stoffe, die genau gegen die Milben, nicht nur Hausstaubmilben (Acari) sondern auch andere Milben gerichtet sind. Sie haben die Eigenschaft, die Hausstaubmilben auszumerzen, Fäzes (Verdauung) und Milbenallergen abzubinden. Für den Einsatz im Wohnbereich müssen sie für den Menschen toxikologisch unbedenklich sein und dürfen auch nicht beim Kontakt oder Inhalation allergische Reaktionen beim Menschen hervorrufen. Sonst würde man den Teufel mit dem Beelzebub austreiben. Solche Substanzen werden von verschiedenen Firmen kommerziell angeboten.

Als Akarizide werden Abkömmlimnge der Benzoesäure eingesetzt. Kommerziell wird verfestigtes Benzoat verwendet das als Pulver vorliegt. Auch gibt es einfach zu handhabende Sprays.

Alle kommerziell erhältlichen Akarizide Mittel wurden unter dem Aspekt der Toxizität und Umweltverträglichkeit von verschiedenen Instituten als unbedenklich eingestuft.

Die Handhabung ist sehr einfach. Das Produkt wird z.B. auf den Teppich aufgetragen und kommt so in Kontakt mit den Hausstaubmilben. Nach einer Einwirkzeit von ca. 2 Stunden sind die Milben abgetötet und können in Form von kleinen Partikeln abgesaugt werden. Das kann von Produkt zu Produkt variieren.

Auch nehmen noch nicht abgetötete Milben diese zurückbleibenden Partikel auf und fressen so auch die giftigen Partikel, die z.B. Citronella enthalten, und sterben daran.

Es kann festgehalten werden, dass durch den Einsatz der Akarizide sowohl die Hausstaubmilben ausgerottet werden als auch deren Allergene gebunden werden, so dass von einem zweifach positiven Effekt durch Einsatz der Akarizide gesprochen werden kann.

Als sehr sinnvolle Alternative zur Benzoesäure können als Akarizide auch Produkte auf Basis Chrysanthemium, Teebaumöl, Citronella sowie Öle von Eukalyptus, Immergrün und Pfefferminze eingesetzt werden. Sie stellen eine sehr gute und natürliche Alternative zu den Produkten hergestellt auf organisch, chemischen Substanzen dar und weisen eine sehr sehr hohe Akarizide Wirkung auf. „Alles BIO". Nach einer Einwirkzeit von 30 Minuten werden 100% der Milbenpopulation durch Chrysanthemum, Citronella und Teebaumöl abgetötet. Das kann von Produkt zu Produkt variieren.

Oft reicht bei allen Akariziden eine einmalige Behandlung nicht aus, da eine Wiederbesiedlung durch überlebende Nymphen und Eier möglich ist, so dass weitere Anwendungen notwendig sind. Empfohlen werden diese in viertel-, halb- oder einjährigen Abstand (s. Beipackzettel des entsprechenden Produktes). Die Behandlungsart ist auch ist mit abhängig von der Dicke der zu behandelnden „Stoffe", Matratze, Teppich, Bettzeug, Fußboden etc.

Festzuhalten ist, dass nach der Behandlung mit allen Akariziden von unterschiedlichen Stoffen" eine deutliche Abnahme der Milbenzahl nachweisbar war.

Auch als Zusatz bei der Wäschewaschung können die Akarizide ‚abgestimmt auf den Waschprozess, eingesetzt werden, um so die Milben in den Wäschestücken abzutöten.

Und was geht noch?

Es gibt spezielle Staubsauger, die die Milben, wie die Hausstaubmilben Dermatophagoides pteronyssinus, einfach wegsaugen, zack weg sind sie. Hier kommt es aber auch auf die Staubsaugerbeutel und das Staubrückhaltevermögen der Produkte an, damit die Allergene nicht wieder in die Atemluft gelangen können. Allerdings sind entsprechende Produkte auch eine saubere Möglichkeit um die MIlbenpopulation gering zu halten.

Fazit

Zur Milbenbekämpfung sind weder Fungizide noch Insektizide geeignet. Es sind nur Akarizide geeignet. Sie sind direkt gegen die Milben (Acari) gerichtet und töten diese ab. Auch werden die Milbenallergene eingekapselt und weggesaugt. Das ist sehr wichtig, denn die Allergene sind für die Hervorrufung der allergischen Reaktionen beim Menschen verantwortlich.

Als sehr sinnvolle Alternative zu den Produkten hergestellt auf Benzoesäurebasis sind u.a. Chrysanthemum, Teebaumöl und Citronella anzusehen . Sie weisen die gleiche Akarizide Wirkung auf wie die chemischen Produkte.

Eine einmalige Behandlung mit Akariziden genügt oft nicht, sie ist abhängig von der Dicke der „Stoffe" und muss viertel -halb oder jährlich wiederholt werden. Allen Akariziden ist gemein, dass sie die Milben zu nahezu 100% abtöten, was aber auch von Produkt zu Produkt variieren kann. Einfach einmal ausprobieren. Hauptsache sie stellen eine deutliche Linderung ihrer allergischen Beschwerden fest. Dann ist schon viel erreicht.

Auch werden spezielle Staubsauger mit einer besonderer Saugkraft, Staubrückhaltevermögen und diversen Spezifikationen angeboten, die die Milben z.B. von der Matratze wegsaugen, lassen sie sich beraten.

Kapitel 9

Milben, Kreuzreaktion und Nahrungsmittel

Die wichtigsten Hausstaubmilben im Hausstaub sind Dermatophagoides pteronyssinus, Dermatophagoides farinae und Euroglyphus maynei. Auch ich konnte mit Mitarbeitern/innen zeigen, dass zwischen diesen drei Hausstaubmilben eine Kreuzreaktion besteht. Was versteht man unter einer Kreuzreaktion, die es nicht nur bei Hausstaubmilben gibt? Ganz einfach ausgedrückt bedeutet es, verschiedene „Substanzen" weisen gemeinsame Allergene auf, wie hier bei den drei Hausstaubmilben das Hausstaubmilbenallergen der Gruppe I und II. Bei Dermatophagoides pteronyssinus wäre es das Der p1 und Der p II, bei Dermatophagoides farinae wäre es das Der f1 und Der f II.

Könnte man sagen, dass z. B. die Hausstaubmilbe Dermatophagoides pteronyssinus die beiden anderen Hausstaubmilben mit „abdeckt" (Abb. 10)?

Die Untersuchungen auch von mir mit meinen Kollegen/innen konnten das zeigen. Es konnte dazu auch noch die Hausstaubmilbe Dermatophagoides microceras mit einbezogen werden.

Die SDS PAGE und der Westernblot zeigen das Protein- und Allergenmuster dieser Hausstaubmilben.

Die nachfolgende Abbildung zeigt auch deutlich, dass nicht alle Proteine (Eiweiße) der Hausstaubmilben auch Allergene sind. Das obere Bild zeigt die Allergene (SDSPAGE)- und das Bild darunter das Allergenmuster (Westernblot).

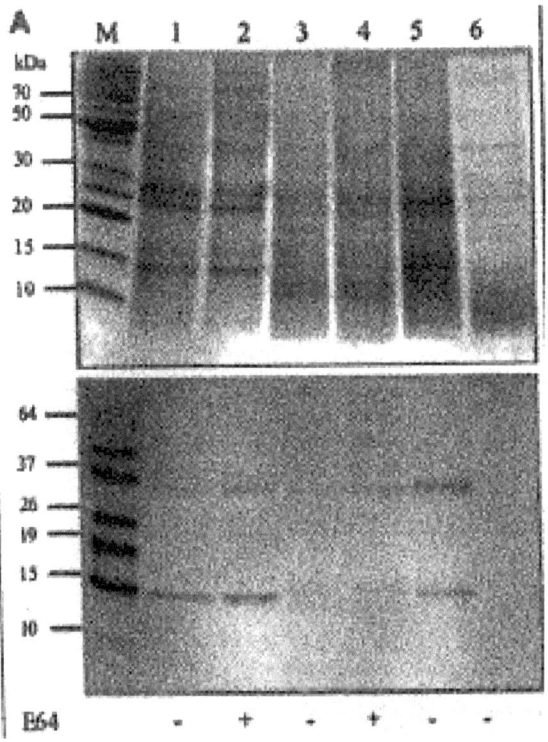

Abb. 10 Sie sehen die Protein- und Allergenmuster verschiedener Milbenextrakte.

A: Extrakte von D. pter (Spuren 1, 2), D. far. (Spuren 3, 4), D. mic. (Spur 5) sowie E. may. (Spur 6) wurde zusammen mit einem Größenmarker (M) elektropho-retisch getrennt und anschließend entweder mit Coomassie gefärbt (oben) oder nach der Immobilisa-tion auf eine Nitrozellulosemembran mit einem Poolserum 1 auf IgE-reaktive Komponenten unter-sucht (unten)

Diese hohe Gemeinsamkeit konnte auch über die spezifische IgE-Messung, durchgeführt mit Haus-staubmilbenallergikerseren, erkannt werden.

Es wurden mit den Seren mit den vier Hausstaubmil-ben nahezu immer die gleichen Allergenklassen ge-messen. Die Mittelwerte aus n= 25 der Allergenklas-sen der vier Hausstaubmilben lagen sehr dicht bei ei-nander, genauer gesagt zwischen Allergenklasse 3,2 bis 3,9. Das deutet ebenfalls auch sehr stark auf die Kreuzreaktion zwischen den Hausstaubmilben hin. Zur absoluten Beurteilung der Kreuzreaktion müssen Inhibitionsversuche durchgeführt werden. Das wurde gemacht, würde hier aber zu weit führen, darauf ein-zugehen.

Auch wenn es etwas gefachsimpelt war hoffe ich doch, dass es verstanden wurde. Man kann sagen, dass zwischen den vier Hausstaubmilben eine hohe Kreuzreaktion besteht und z.B. die Hausstaubmilbe Dermatophagoides pteronyssinus die anderen drei Hausstaubmilben biochemisch und immunologisch mit „abdecken" würde.

Das sollte man bei der spezifischen Immuntherapie (SIT) (extra Kapitel) von Hausstaubmilbenallergikern mitberücksichtigen. Es würde wohl zur spezifischen

Immuntherapie von Hausstaubmilbenallergikern ein Präparat mit der Hausstaubmilbe Dermatophagoides pteronyssinus genügen, auch wenn oft Mischungen von Dermatophagoides pteronyssinus und Dermatophagoides farinae (50 zu 50) angeboten und eingesetzt werden. Aus Sicht der Wissenschaft fehlt dafür eine Begründung. In Schweden setzt man zur spezifischen Immuntherapie nur die Hausstaubmilbe Dermatophagoides pteronyssinus ein.

Es ist bekannt, dass zwischen Apfel (Frucht) und Birkenpollen eine Kreuzreaktion besteht. Gibt es eine solche Kreuzreaktion, Hausstaubmilbe mit Nahrungsmitteln, auch? Das so etwas existiert basiert auf einer noch nicht so alten Untersuchung. Das pollenassoziierte Nahrungsmittelsyndrom ist schon länger bekannt. Man fand aber auch heraus, dass zwischen Nahrungsmitteln und der Hausstaubmilbe Dermatophagoides pteronyssinus eine Kreuzreaktion besteht und zwar zu den Shrimps. Man stellte fest, dass Haustaubmilbenallergiker in einigen Fällen nach dem Verzehr von Shrimps allergische Reaktionen zeigten, was sich in Übelkeit und Durchfall ausdrückte. Über verschiedene diagnostische Methoden konnte das bestätigt werden.

Wir sagten Kreuzreaktion bedeutet, dass verschiedene Substanzen gemeinsame Allergene aufweisen. Über intensive Forschung fand man heraus, dass das gemeinsame Allergen zwischen der Hausstaubmilbe und den Shrimps das Muskelprotein Tropomyosin ist, bei der Hausstaubmilbe bezeichnet man es mit Der p 10.

Also liegt auch hier, wie bei der pollenassoziierten Nahrungsmittelallergie (Birke/Apfel), so etwas bei der Hausstaubmilbe vor, nämlich die Kreuzreaktion zu den Shrimps (Crustaceen) mit dem gemeinsamen Allergen der Hausstaubmilbe Dermatophagoides pterionyssinus Der p10. Das müssen Hausstaubmilbenallergiker wissen, falls sie Shrimps essen wollen, die sind zwar sehr lecker, aber Hausstaubmilbenallergiker sollten diese besser meiden. Anzumerken ist hier, dass nicht jeder Hausstaubmilbenallergiker auf die Schrimps allergisch reagieren muss. Besonders bei der Kreuzreaktion zu Nahrungsmitteln ist es immer ein Kann aber kein Muss, aber dennoch sollten Hausstaubmilbenallergiker von diesem Phänomen wissen und vorsichtig bei der Essensauswahl sein.

Fazit

Zwischen den Hausstaubmilben Dermatophagoides pteronyssinus, Dermatophagoides farinae, Dermatophagoides microceras und Euroglyphus maynei besteht eine Kreuzreaktion. Einfach ausgedrückt Kreuzreaktion d.h. verschiedene Substanzen haben gemeinsame Allergene. So gibt es auch eine Kreuzreaktion zwischen der Hausstaubmilbe und den Shrimps. Das sollten Hausstaubmilbenallergiker wissen und bei der Essensauswahl entsprechend vorsichtig sein.

Kapitel 10

Krankheitsbilder bei der Hausstaubmilbenallergie

35% der deutschen Erwachsenen sind auf die Hausstaubmilbe Dermatophagoides pteronyssinus sensibilisiert. In den meisten Fällen entwickeln sie dazu bei Kontakt mit diesen Milben über den Hausstaub auch entsprechende allergische Symptome.

Darauf soll hier eingegangen werden und auch darauf, wie man die Hausstaubmilbenallergie von Dermatophagoides pteronyssinus beim Patienten diagnostizieren kann, sowohl über die In-vivo (d.h. direkt beim Menschen) als auch die In-vitro (außerhalb des Menschen) allergologischen Methoden.

Bei den Krankheitsbildern der Hausstaubmilbenallergie fallen ca. 45% auf die Rhinitis/Rhinoconjunctivitis, was mit den Symptomen des Heuschnupfens gleichzusetzen ist, d.h. fließende Nase und tränende Augen, ca. 34% auf das Asthma bronchiale, d.h. einhergehend mit schwerer Atmung und sogar Luftnot. Untersuchungen zeigten, dass beim Hausstaubmilbenasthma das Allergen Der p 23 von Dermatophagoides pteronyssinus eine ausschlaggebende Rolle spielt. 7%-10% der Hausstaubmilbenallergiker leiden unter der atopischen Dermatitis (Neurodermitis) (Hauterkrankung). Somit muss auch bei der atopischen Dermatitis mit an die Hausstaubmilbenallergie gedacht werden.

Da die stärksten Symptome der Hausstaubmilbenallergie zur Herbstzeit auftreten, wie z.B. die Rhinitis, was ja auch   Symptome einer Erkältung sind, kann das leicht mit einer Erkältung des Patienten verwechselt werden. Deshalb muss eine genaue Abklärung beim Allergologen erfolgen, ob eine Hausstaubmilbenallergie oder eine Erkältung vorliegt.

Aber man muss dabei auch noch an die Beifußpollen denken, die auch zu einer Rhinitis führen und im Herbst in der Luft fliegen. Also der Gang zum Allergologen/in auch bei einer Erkältung sollte mit ins Auge gefasst werden, um eine Allergie dabei auszuschließen.

Durch die ganzjährige Belastung des Hausstaubmilbenallergikers durch die Hausstaubmilben sollte er versuchen im Jahr ein paar kleine Auszeiten in sein Leben einzubauen. Durch die ganzjährige Belastung (perenniale Allergie) leidet auch das Immunsystem. Das öffnet wiederum Tür und Tor für Erkältungskrankheiten, was sich dann negativ auf das allgemeine Wohlbefinden und auf die Allergie auswirkt. Deshalb sollte der Hausstaubmilbenallergiker unter dem Aspekt seine Urlaube genau planen, um zur Ruhe zu kommen. Er sollte seinen Urlaub in Höhen von 1500 Metern planen, da es dort keine Hausstaubmilben gibt.

Für Asthmatiker, nicht nur hervorgerufen durch die Hausstaubmilben, sondern auch Pollen (Gräser, Bäume) eignet sich besonders das Meeresklima.

Um eine Hausstaubmilbenallergie vom Allergologen diagnostizieren zu lassen, gibt es verschiedene Möglichkeiten. Es beginnt mit der Anamnese, d.h. der Befragung des Patienten durch den Arzt/in. Doch die ist oft nicht so aussagekräftig. Deshalb sollte ein Haut-Prick-Test und ein serologischer Test durchgeführt werden, wie der spezifische IgE Test. Ein ganz neuer Test ist der Magic Stick-Test. All diese Tests geben Auskunft darüber ob der Patient auf die Hausstaubmilbe Dermatophagoides pteronyssinus sensibilisiert ist oder nicht. Wohl gemerkt, über diese Tests, auch den Haut-Prick-Test, wird nur die Sensibilisierung beim Patienten ermittelt NICHT die Allergie. Das kann nur über den Provokationstest ermittelt werden. Zur weiteren Behandlung würde der Allergologe/in wohl die spezifische Immuntherapie (SIT) vorschlagen und weitere Hilfen, wie Akarizide, Encasings oder spezielle Staubsauger. Auch können noch Symptomatika eingesetzt werden, wie Antihistaminika und cortisonhaltige Präparate.

Die allergische Reaktion auf die Hausstaubmilbe Dermatophagoides pteronyssinus tritt früher bei dem Menschen auf als die Sensibilisierung auf Gräser- und Baumpollen. Mehr als 50% aller Atopiker (Allergie wird vererbt) gegen Hausstaubmilben sind unter 10 Jahre alt. Aber 50% der Heuschnupfenpatienten (Gräser/Baumpollenallergie) liegt bei 18-22 Jahren.

Interessant sind dazu die Arbeiten von Herrn Professor Dr. med. Ulrich Wahn (Charite Berlin). Er beschrieb die Entwicklung der Allergien bei Patienten als allergischen Marsch bzw. Marathon.

Sie sehen, die allergischen Erkrankung auf die Hausstaubmilbe Dermatophagoides pteronyssinus kann sehr stark die Lebensqualität des Patienten beeinträchtigen. Um diese dennoch zu verbessern, stehen aber verschiedene sinnvolle und hilfreiche „Mittel" kommerziell zur Verfügung. Einige dieser „Mitteln" werden für Patienten auch von der Krankenkasse bezahlt, bzw. bezuschusst.

Die Allergie kann auch die Leistungsfähigkeit des Menschen deutlich negativ beeinflussen. Bei Anzeichen der oben beschriebenen Symptome im Wohnbereich, hier besonders dem Schlafbereich, sollte man rechtzeitig zum Allergologen/ in gehen. Je früher behandelt wird, desto eher kann der Etagenwechsel vermieden werden, d.h. dass aus einer Rhinitis ein Asthma wird, was die *quality of life* mehr negativ beeinflusst als eine Rhinitis.

Fazit

Die Krankheitsbilder der Hausstaubmilbenallergie sind die Rhinits/Rhinoconjunctivitis, Asthma bronchiale und die atopische Dermatitis (Neurodermitis). Da die Milben im Herbst die meisten Belastungen für den Patienten verursachen und das auch gleichzeitig die Erkältungszeit ist, muss zum Ausschluss auch ein Allergologe/in mit hin zu gezogen werden. Der Nachweis der Allergie kann nur durch den Provokationstest erfolgen. Die Hausstaubmilbenallergie tritt bei den Menschen, (überwiegend Atopiker) früher auf als die Gräser/ Baumpollenallergie.

Da die Hausstaubmilbenallergie ganzjährig (perennial) auf tritt, hat der Patient einen hohen Leidensdruck und ist anfälliger auf andere Infektionskrankheiten als nicht Milbenallergiker.

Kapitel 11

Anamnese- In-vivo Diagnostik wie Hauttests

Wenn man gesundheitliche Beschwerden im Wohnbereich hat, hier besonders im Schlafraum (Milbe), wie Heuschnupfen oder sogar Asthma bronchiale, muss man in die Praxis eines/r Allergologen/in gehen, um abzuklären ob es sich bei den gesundheitlichen Beschwerden um eine Allergie handelt oder eine andere Erkrankung.

Zuerst wird der Arzt/in eine Anamnese durchführen, d.h. er wird sie ganz genau ausfragen wo die Symptome auftreten, wann etc. um sich ein Bild von den gesundheitlichen Beschwerden bei ihnen zu machen.

Um da genau antworten zu können ist es sinnvoll wenn sie ein Allergietagebuch führen, wo sie eintragen wann welche Symptome bei ihnen auftraten. Das erleichtert den Arzt/in das Allergen besser einkreisen zu können, um die richtigen Untersuchungen bei ihnen durchzuführen.

Wenn Verdacht auf eine Allergie bestehen sollte, wird er verschiedene Untersuchungen durchführen. Auf diese soll hier eingegangen werden.

Es handelt sich um so genannte In-vivo Untersuchungen, d.h. die Untersuchungen werden am Menschen durchgeführt.

Im Gegensatz dazu steht die In-vitro Untersuchung, d.h. die Untersuchungen werden außerhalb des Menschen durchgeführt.

Als erstes wird er den Haut-Prick-Test durchführen.

Beim Haut-Prick-Test (Abb. 11) dient als Testareal die Haut am Ober- und Unterarm.

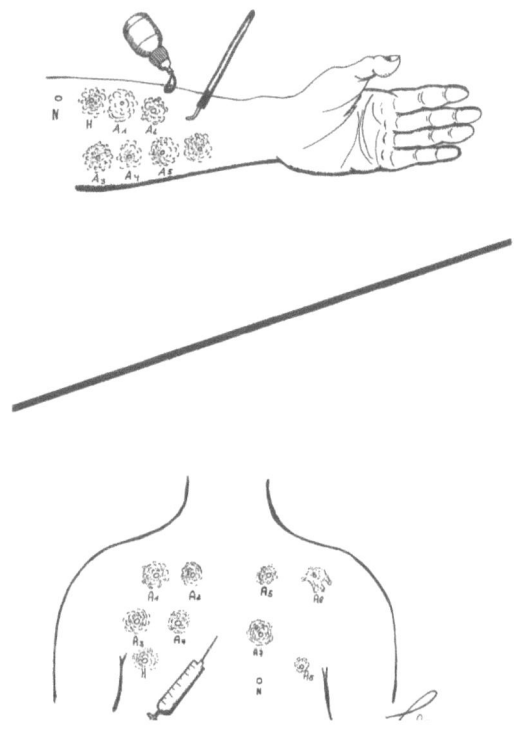

Abb. 11

Mit einer Tropfpipette werden folgende Lösungen in einem Abstand von ca. 4 cm auf die Haut getropft:

Hausstaubmilbe Dermatophagoides pteronyssinus, Negativkontrolle physiologische Kochsalzlösung, Positivkontrolle Histamindihydrochloridlösung.

Dann wird die Spitze einer Pricknadel oder Pricklanzette im spitzen Winkel durch die aufgetropfte Testlösung auf die Haut angesetzt und flach eingestochen. Das ist für den Patienten schmerzlos. Dann wird die Nadel leicht angehoben, so dass unterhalb der Nadelspitze eine kleine Menge Testlösung in die Haut eindringen kann.

Das Testergebnis wird nach 10 bis 20 Minuten abgelesen. Eine positive Testreaktion zeigt sich als blass gelbliche Quaddel (Ödem) mit einem umgebenden Hof (Erythem). Die Quaddel kann mit einem Kugelschreiber umrandet werden, um den Durchmesser der Quaddel zu ermitteln, der wichtig für die Aussage des Sensibilisierungsgrades des Patienten ist.

Als Maßstab für die Bewertung des Testergebnisses gelten Größe (Durchmesser) von der Quaddel und Hof der Histaminpositivkontrolle.

Allgemein gilt:

Quaddeldurchmesser < (kleiner) 3mm negativ,

3-5 mm + schwach positiv,

6-10 mm mittelgradig positiv ++,

11-15 mm stark positiv +++ >

(größer) 15 mm oder Pseudopodien sehr stark positiv ++++.

Empfindlicher als der Haut-Prick-Test ist der Intracutan Test (i.c.). Er wird bevorzugt am Rücken oder Unterarm des Patienten/in durchgeführt. Mittels einer Tuberkulinspritze werden jeweils 0,02 ml bis maximal 0,05 ml des Allergenextrakts streng intracutan (in die Haut) injiziert und wieder eine Positiv- und Negativkontrolle. Das Testergebnis wird ebenfalls nach ca. 10 bis 20 Minuten abgelesen. Auch hier gilt als Maß die Ausprägung der Quaddelgröße (Durchmesser) der Histaminpositivkontrolle.

Der Intracutantest ist der empfindlichste Hauttest.

Ggf. sollte die Testung mit der Testlösung in Zehner-Potenzen verdünnt durchgeführt werden, um den Patienten nicht unnötig zu „schaden".

Weit aus unempfindlicher als der Haut-Prick Test und der intracutan Test ist der Reibtest und Scratchtest. Der Reibtest wird wegen seiner sehr geringen Empfindlichkeit heute nur noch sehr selten eingesetzt, da wird schon eher der Scratchtest eingesetzt. Das ist die verschärfte Form des Reibtests.

Aber auch dieser Test wird kaum noch eingesetzt, da er weniger kontrollierbar ist und mit Nebenwirkungen behaftet ist. Diese Tests sind nicht so standardisiert wie die beiden anderen Hauttests, die in der Routine Einsatz haben.

Die Tests können nicht durchgeführt werden wenn Antihistaminika eingenommen wurden, da so die Histaminausschüttung aus der Mastzelle, die unter der Haut liegt, hervorgerufen durch die Testlösung, blockiert wird.

Diese Tests erlauben eine Auskunft über den Sensibilisierungsgrad bei dem Patienten aber nicht über die Allergie. Dafür müssen Provokationstests durchgeführt werden.

Die zur Testung eingesetzten Testlösungen werden von verschiedenen Allergiefirmen in standardisierter und charakterisierter Form angeboten. Es sind wässrige Präparate. Die Haut-Prick-Testlösung enthält außer dem Allergen, in unserem Fall Hausstaubmilbe Dermatophagoides pteronyssinus noch in bestimmten Konzentrationen Glycerin und Phenol. Die Chemikalien haben aber keinen negativen Einfluss auf das Testergebnis. Phenol wird zur Konservierung eingesetzt und Glycerin, damit der Tropfen nicht von der Haut läuft. Meistens werden 50% Glycerin der Lösung zugesetzt.

Der guten Ordnung halber soll noch der Epikutantest erwähnt werden. Eine Testkammer wird mit der zu testenden Substanz, z.B. Chemikalie in Salbenform, befüllt. Dann wird das Testpflaster auf den Rücken des Patienten angelegt. Nach ca. 24 Stunden wird das Pflaster abgenommen. Etwa 30 Min. nach der Abnahme des Pflasters erfolgt die erste Ablesung.

Fazit

Bei einer allergischen Erkrankung werden folgende Stufen vom Allergologen/in vorgenommen, die Anamnese und die Hauttests, hier vorrangig der Haut-Prick-Test. Über diese Tests wird der Sensibilisierungsgrad bei dem Patienten bestimmt.

Um dem Arzt/in die Arbeit zu erleichtern, sollte man als Allergiker ein Allergietagebuch führen, wo alle Beschwerden vom Patienten eingetragen werden und auch wann und wo diese auftraten. Das erleichtert den Allergologen/in das Allergen besser einkreisen zu können und um zu Beginn die richtigen diagnostischen Schritte in die Wege zu leiten.

Kapitel 12

Provokationstests, wie z.B. nasal und bronchial

Die Hauttests wie der Haut-Prick-Test und der intracutan Test geben, wie wir gelernt haben, nur Auskunft über den Sensibilisierungsgrad beim Patienten, aber sagen nichts über die Allergie bei ihm aus.

Auch die Anamnese, Befragung des Patienten durch den Arzt, gibt bei der Hausstaubmilbenallergie, Dermatophagoides pteronyssinus, nicht immer für den Arzt/in ein schlüssiges Bild zur Krankheit ab.

Die Methoden die eindeutig eine solche Allergie nachweisen können sind die Provokationstests wie die bronchiale-, nasale-, konjunktivale- und bei der Nahrungsmittelallergie die orale Provokation (goldener Standard). Dann gibt es noch die arbeitsplatzbezogene Provokation.

Die Tests müssen wieder von einem Allergologen/in der Praxis an dem Patienten durchgeführt werden.

Auch für diese Testungen bieten Allergiefirmen entsprechend gut standardisierte und charakterisierte Produkte an.

Die Provokationstests sollen hier am Beispiel von der Hausstaubmilbe Dermatophagoides pteronyssinus dargestellt werden.

Bei der bronchialen Provokation darf pro Tag nur ein Allergen getestet werden. Es werden unterschiedliche Konzentrationen der Allergenlösung getestet, beginnend mit einer sehr niedrigen Konzentration, die dann gesteigert werden kann. Dazu wird die Allergenlösung von dem Arzt/in in den Vernebler (spezielles Gerät über das der Arzt/in verfügen muss) eingebracht. Um eine unspezifische Reaktion auszuschließen erfolgt erst die bronchiale Provokation mit physiologischer Kochsalzlösung (0,9% ig, Kontrolllösung). Die Inhalation der Allergenlösung über den Vernebler wird sofort abgebrochen wenn die erste klinische Symptomatik beim Patienten auftritt. Zusätzlich werden auch noch die Lungenparameter gemessen, die sogenannten FEV-Werte. Diese Provokation ist bei der Hausstaubmilbenallergie angesagt, wie auch die nasale Provokation.

Bei der nasalen Provokation sollen pro Tag maximal zwei Allergene getestet werden. Auch hier muss vor jeder Testung mit dem Allergen eine Vortestung mit der Kontrolllösung erfolgen.

Bei der nasalen Provokation wird die Kontroll- und Testlösung durch einen einzigen Druck auf den Rand des Nasenadapters in das besser durchgängige Nasenloch gegeben. In das besser durchgängige Nasenloch werden unter Sicht mit Hilfe eines Nasenspekulums und einer Tuberkulinspritze etwa 2 Tropfen auf den Kopf der unteren Muschel geträufelt. Wenn der Patient auf das entsprechende Allergen, hier Dermatophagoides pteronyssinus, allergisch reagiert, fängt die Nase an zu laufen oder er fängt an zu niesen, entsprechend den Symptomen des Heuschnupfens, die er aus dem häuslichen Bereich kennt. Auch die nasale Provokation ist bei der Diagnostik der Hausstaubmilbenallergie angebracht, um die Allergie nachzuweisen und zu belegen.

Ein weiteres diagnostisches Instrument ist die konjunktivale Provokation. Hier wird zuerst zum Ausschluss einer unspezifischen Reaktion die Kontrolllösung in den unteren Konjunktivalsack des Auges geträufelt. Wenn nach 10 Minuten keine Reaktion sichtbar ist, wird die Allergenlösung dort hinein appliziert. Man beginnt mit niedrigen Konzentrationen. Bei negativem Ausfall wird die Konzentration entsprechend erhöht. Eine positive Reaktion zeigt sich durch Rötung des Auges und Tränenfluss beim Patienten.

Neuere Untersuchungen zeigten, dass der konjunktivale Test zum Nachweis der allergischen Erkrankung teilweise verlässlicher ist als die anderen Provokationstests, wie der bronchiale und nasale Provokationstest.

Auch wenn der orale Provokationstest bei der Hausstaubmilbenallergie nur geringfügig eine Rolle spielt (Crustaceen), soll zur Abrundung auch darauf kurz eingegangen werden.

Der orale Provokationstest wird bei der Diagnostik der Nahrungsmittelallergie eingesetzt. Sie ist dort der goldene Standard.

Der Patient schluckt eine Kapsel wo das entsprechende Allergen/Nahrungsmittel enthalten ist. Wenn er auf das Nahrungsmittel allergisch reagiert, wird es zu den typischen Symptomen dieser Allergie kommen wie Übelkeit und Durchfall.

Wenn Stellungnahmen zu Berufsgenossenschaftlichen Fragestellungen gefordert werden, wird man eine arbeitsplatzbezogene Provokation durchführen.

Das gilt z.B. beim Bäckerasthma. Hier wird der Patient in der Praxis des Arztes/in mit dem Mehl hantieren. Aber bedenken sie auch, im Mehl können Vorratsmilben vorkommen, die für die allergischen Reaktionen mit verantwortlich sein können. So sollte parallel dazu auch eine Testung mit den Vorratsmilben wie Acarus siro, Tyrophagus putrescentiae und Lepidoglyphus destructor durchgeführt werden, um eine solche Allergie bei dem Patienten auszuschließen. Das gilt auch für Allergien in der Landwirtschaft, denn Heu und Stroh sind keine reinen Allergene sondern deren Kontamination mit überwiegend den Vorratsmilben aber auch den Hausstaubmilben und auch Schimmelpilzen, wie z.B. Alternaria alternata.

Bei der Arbeitsplatzbezogenen Provokation bringt der Patient die Substanz von seinem Arbeitsplatz mit in die Praxis, auf die er meint allergisch zu reagieren. Der Allergologe/in hat dafür einen extra Provokationsraum in seiner Praxis eingerichtet.

Nur die Provokationstests sind dafür geeignet die Allergie beim Patienten zu belegen. Die Testungen müssen immer mit sehr niedrigen Konzentrationen des Allergenextrakts begonnen werden. Dann kann langsam in der Konzentration gesteigert werden, um den Patienten nicht unnützen Risiken auszusetzen. Um eine unspezifische Reaktion auszuschließen muss vorher eine Testung mit einer Kontrolllösung, physiologische Kochsalzlösung, vorgeschaltet werden.

Fazit

Ob bei dem Patienten eine allergische Reaktion vorliegt kann nur über die Provokationstests belegt werden. Bei der Hausstaubmilbenallergie wie Dermatophagoides pteronyssinus kommen die nasale und
bronchiale Provokation zum Tragen. Dadurch sollen
unter kontrollierten   Bedingungen die allergischen
Symptome nachgestellt werden, die bei dem Patienten bei Kontakt mit dem Allergen, hier Dermatophagoides pteronyssinus, im Wohnbereich auftreten. Bei
der Diagnostik der Bäckerallergie muss auch mit an
die Vorratsmilben gedacht werden, die in dem Mehl
mit enthalten sein können und auch bei allergischen
Reaktionen in der Landwirtschaft. All diese Provoka-
tionstestungen müssen in der Praxis des Allergolo-
gen/ in durchgeführt werden. Zum Einsatz müssen
gut standardisierte und charakterisierte Allergenlö-
sungen kommen, die von verschiedenen Allergiefirmen kommerziell angeboten werden (ausgenommen
die arbeitsplatzbezogene Provokation).

Kapitel 13

In-vitro Allergie Diagnostik (IVD)

Neben der In-vivo Allergie Diagnostik (IV) wie die Hauttests und Provokationstests, spielt die In-vitro Allergie Diagnostik (IVD) ebenfalls eine sehr wichtige Rolle bei der Abklärung der allergischen Erkrankung beim Patienten.

Wird die In-vivo Allergie Diagnostik am Menschen durchgeführt, so wird die In vitro Allergie Diagnostik außerhalb des Menschen, überwiegend mit seinem Serum oder Plasma, nicht Vollblut, durchgeführt.

Das Serum wird über das Blut, das dem Patienten vom Arzt abgenommen wurde, gewonnen, z.B. mittels der Zentrifugation. 10 ml Blut ergeben ca. 3 ml (3000µl) Serum. Für einen Test werden überwiegend 50µl Serum benötigt.

Im Rahmen der IVD spielt das IgE (Immunglobulin E) die entscheidende Rolle. Das IgE wurde 1967 jeweils unabhängig voneinander von Herrn Professor Johansson (Schweden) und dem Forscherehepaar Professor Ishizaka (USA) entdeckt. Johansson, Wide und Bennich entwickelten auch den ersten Test zur spezifischen IgE Messung in Seren von Patienten, den Allergenscheiben RAST (Radio Allergo Sorbent Test). Der Test wird heute noch durchgeführt, nur als EAST (Enzym Allergo Sorben Test), d.h. die Radioaktivität, die im Rahmen des RAST eingesetzt werden musste, wurde durch ein Enzym ersetzt. So wurde der spezifische IgE Test einer größeren

Gruppe zugänglich gemacht, da das Arbeiten mit radioaktivem Material wegfiel, wofür man eine besondere Genehmigung und Räumlichkeiten benötigte. Das gehört schon lange der Vergangenheit an.

Aber außer dem Allergenscheibentest werden heute kommerziell auch andere spezifische IgE-Testsysteme angeboten, wie z.B. das Immuno CAP®- und Flüssigallergensystem.

Allen IVD-Systemen ist gemeinsam, dass in dem Serum oder Plasma des Patienten das entsprechende spezifische IgE gemessen wird. Wenn eine Messung auf Dermatophagoides pteronyssinus erfolgen soll, muss der Allergenträger, wie z.B. die Scheibe, Dermatophagoides pteronyssinus im Test eingesetzt werden. Das Ergebnis wird in Klassen, überwiegend 0-6 und Units/ml 0,35 bis 100 ausgedrückt. Wenn mit dem Serum des Patienten die Klasse größer/gleich 2 gemessen wurde, so spricht man vom klinischen cut off, d.h. hier besteht Handlungsbedarf z.B. in Form einer spezifischen Immuntherapie, die der Allergologe/in bei sich in der Praxis durchführen muss.

Die niedrigste Klasse ist die Klasse 0 und die höchste ist die Klasse 6. Bei der Klasse 6 ist der Patient sehr hoch sensibilisiert, bei der Klasse 0 gar nicht.

Für die spezifischen IgE-Messungen stehen entsprechende Geräte zur Verfügung und der Test kann in Großlaboratorien aber auch entsprechenden kleineren Arztpraxen durchgeführt werden. Auf die einzelnen Details dazu soll hier nicht eingegangen werden.

Um die Messung bei der gesetzlichen Krankenkasse in Deutschland abrechnen zu können, muss der Arzt über eine OIII Zulassung verfügen. Dazu muss er vor einem Fachgremium eine Prüfung ablegen. Auch muss er pro Jahr an Allergie-Ringversuchen teilnehmen, die in Deutschland u.a. von INSTAND in Düsseldorf und am DGKL RfB Bonn angeboten werden. Eine gute Übersichtsarbeit zur IVD haben Debelic und Wahl dazu im Manuale Allergologicum, Dustri Verlag, publiziert.

Den Patienten muss für die Durchführung der spezifischen IgE Messung beim Arzt nichts bezahlen.

Wenn die Allergie IgE mediiert ist spricht man von einer Typ I Allergie. Das liegt bei der Hausstaubmilbenallergie so gut wie immer vor, mit ganz wenigen Ausnahmen.

Außer der Messung des spezifischen IgE-Spiegels im Serum oder Plasma des Patienten wird auch oft der Gesamt IgE-Spiegel bestimmt. Doch der hat bezüglich der allergischen Erkrankung längst nicht den Stellenwert wie die Bestimmung des spezifischen IgE-Spiegels. Ein hoher Gesamt-IgE Spiegel muss nicht gleichbedeutend mit einer hohen Klasse sein und ein niedriger Gesamt IgE Spiegel nicht mit einer niedrigen Klasse.

Im Rahmen der Allergiediagnostik sollten wenigstens der Haut-Prick-Test und IVD vom Allergologen/in durchgeführt werden und natürlich zur Abklärung der Allergie ein entsprechender Provokationstest.

Aber wie stimmen diese Methoden überein?

Aus der Literatur ist bekannt, dass die Übereinstimmung in der Aussagekraft (IVD zum Haut-Prick-Test) bezüglich des Vorliegens einer Sensibilisierung bei 60 bis 80% liegt.

Eine hohe EAST Klasse muss aber nicht bedeuten, dass auch eine stark ausgeprägte Hautreaktion vorliegen muss und eine niedrige EAST Klasse muss nicht heißen, dass eine gering ausgeprägte Hautreaktion vorliegen muss. Zwischen den Klassen und der Stärke der Hautreaktion besteht kein linearer Zusammenhang. Aber beide Methoden, In vivo und In vitro, sind wertvolle und wichtige Methoden zur Abklärung der allergischen Erkrankung beim Patienten.

Yunginger und Mitarbeiter vertreten den Standpunkt, dass weder die In vivo Allergie Diagnostik die In vitro Allergie Diagnostik ersetzen kann, noch die In vitro Allergie Diagnostik die In vivo Allergie Diagnostik. Jede Methode hat ihren eigenen Stellenwert im Rahmen der Allergiediagnostik, wie natürlich auch die Anamnese.

Bei der Allergie Diagnostik der Hausstaubmilbenallergie Dermatophagoides pteronyssinus stellen alle Methoden, die zur Diagnostik eingesetzt werden, sehr verlässliche und jahrzehntelange bewährte Messmethoden dar.

Seit einigen Jahren kann man über IVD auch die entsprechenden Einzelallergene der Hausstaubmilbe Dermatophagoides pteronyssinus, wie Der p1, Der p 2, Der 10 (Tropomyosin) messen. Die Messung auf Der p 10 stellt eine wichtige Messung im Rahmen der Kreuzreaktivität zur Garnele dar.

Man spricht hier von der molekularen Allergologie, wo statt des Gesamtextrakts Einzelallergene in der spezifischen IgE Messung gemessen werden.

Fazit

Die In vitro Allergie Diagnostik ist eine sehr wichtige Methode im Rahmen der Allergiediagnostik. Dazu werden kommerziell verschiedene Messmethoden angeboten.

Weder die In vitro Allergie Diagnostik kann die In vivo Allergie Diagnostik ersetzen noch umgekehrt. Zwischen der Höhe der EAST Klasse und der Stärke der Ausprägung der Hautreaktion besteht kein linearer Zusammenhang. Die IVD stellt bei der Diagnose der Hausstaubmilbenallergie Dermatophagdes pteronyssinus eine sehr verlässliche und schon jahrzehntelang bewährte und erfolgreiche Messmethode dar, zur Ermittlung des Sensibilisierungsgrad bei entsprechenden Hausstaub-milbenallergikern wie Dermatophagoides pteronyssinus.

Kapitel 14

Spezifische Immuntherapie (SIT)

Die spezifische Immuntherapie (SIT) ist eine kausale Therapie im Vergleich zur symptomatischen Therapie, die mit Antihistaminika oder Cortisonpräparaten durchgeführt wird.

Bei der SIT differenziert man in subkutane (unter die Haut) Immuntherapie (SCIT), orale spezifische Immuntherapie, die kaum eingesetzt wird und wenn bei der Behandlung der Nahrungsmittelallergie und die sublinguale (unter die Zunge) spezifische Immuntherapie (SLIT), die immer häufiger in Form von Tropfen, Spray oder Tabletten eingesetzt wird. Der Vorteil ist, dass der Patient nach Anweisung des Arztes diese bei sich zu Hause durchführen kann, wobei die SCIT nur der Arzt/in durchführen kann, weil nur bei ihm die Spritze zur spezifischen Immuntherapie in der Praxis subcutan dem Patienten gegeben werden kann. (Abb. 12 Die SIT {SCIT}, tut nicht weh, nur ein kleiner „Pieks")

Bei der SIT entsteht durch zahlreiche immunologische Veränderungen über die Therapiedauer (überwiegend drei Jahre) hinaus anhaltende Toleranz gegenüber der eingesetzten Allergene (Allergoide).

Allergoide sind die modernere Form der SIT. Es handelt sich um chemisch modifizierte Allergene, d.h. die Allergene werden mit Form- oder und Glutardialdehyd umgesetzt, um so die allergene Aktivität (wird über den EAST Hemmtest bestimmt) des Allergenextraktes zu reduzieren. So können in kürzeren Abständen auch an den Patienten höhere Dosen des Präparats gegeben werden, um die Erhaltungsdosis zu erzielen. Durch die geringere allergene Aktivität des Allergoids treten auch seltener Nebenwirkungen bei der SCIT auf, als bei Verwendung eines Allergenpräparats. Aber grundsätzlich gilt, dass Nebenwirkungen sehr selten bei der SIT auftreten.

Diese Allergene/Allergoide liegen bei der SIT als Depot vor, d.h. sie sind überwiegend an Alumiumhydroxyd oder Tyrosin gekoppelt. Das kann von Allergiefirma zu Allergiefirma unterschiedlich sein.

Die Aluminiumkonzentration in der Depotform ist weitaus niedriger als im Trinkwasser. Das soll nur deshalb erwähnt werden, da Aluminium oft mit Demenz (Alzheimer) ins Gespräch gebracht wird. Von den Depot Allergen/Allergoid-Präparaten geht diesbezüglich keinerlei Gefahr aus.

Auch für die SIT der Hausstaubmilben-Immuntherapie werden von einigen Allergiefirmen die entsprechenden Allergoide angeboten.

Eine Indikation zur SIT besteht bei nachgewiesener IgE vermittelten Sensibilisierung mit korrespondierenden klinischen Symptomen bei denen eine Karenz nicht möglich oder nicht ausreichend ist und ein geeigneter, wirksamer Extrakt zur Verfügung steht.

Die Therapie sollte über 3 Jahre durchgeführt werden. Hat die Behandlung nach einem, spätestens 2 Jahren, keinen erkennbaren Erfolg, wird sie kritisch überprüft und ggf. abgebrochen. Bei Allergenen wie die Hausstaubmilbe ist die Umwelt des Patienten so zu   gestalten das die Allergenexposition gering gehalten wird, d.h. Staubfänger sollten aus der Wohnung entfernt werden, auch wenn sie dann etwa ungemütlicher wird.

Die Beurteilung der Wirksamkeit der SCIT von Hausstaubmilbe hervorgerufenen Rhinokonjunktivitis basiert auf mehreren Studien. Alle Studien zeigten eine Verminderung des Symptoms und/oder des Medikamentenverbrauchs um mindestens 30% in der behandelten Gruppe gegenüber der Placebogruppe.

Für die Indikation für die SCIT mit Allergenen/Allergoiden gelten folgende Voraussetzungen:

1.Nachweis einer IgE vermittelten Sensibilisierung (vorzugsweise mit Haut Prick Test und/oder der spezifischen IgE Messung (IVD), z.B. dem Allergenscheiben EAST (s. entsprechende Kapitel IVD).

2.Verfügbarkeit von standardisierten bzw. qualitativ hochwertigen Allergen-/Allergoidextrakten, die an die Depotsubstanz gekoppelt wurden. Durch die Depotform wird im Gegensatz zur wässrigen Form die Wirksubstanz langsam an den Körper abgegeben, was deren Wirksamkeit erhöht.

3.Wirksamkeitsnachweis der geplanten SCIT für die jeweilige Indikation. Dazu müssen im Vorfeld eine Vielzahl klinischer Studien durchgeführt und bewertet werden. Solche Studien werden von verschiedenen Zentren nach Vorgabe des Herstellers durchgeführt. Das ist eine sehr teure Angelegenheit für den Hersteller und viele behördliche Anforderungen (Paul Ehrlich Institut in Deutschland) müssen dabei beachtet werden, um Schaden, durch Anwendung des Präparats, von dem Patienten abzuwenden und um deren Wirksamkeit zu belegen. Für die SLIT gilt das gleiche wie oben beschrieben, nur ist das Alter bei der Gräserpollenallergie größer/gleich 5 Jahre und bei den anderen angebotenen SLIT Präparaten größer/gleich 18 Jahre. Es muss ja auch sichergestellt sein das der Patient das Präparat zu Hause gewissenhaft einnimmt.

Bei der SCIT ist alles unter Kontrolle des Allergologen/in, was in einigen Fällen verlässlicher sein kann.

Durch eine rechtzeitige Behandlung mit einer SCIT oder SLIT Immuntherapie kann einer Rhinokonjunktivitis zu einem Etagenwechsel vorgebeugt werden. So kann verhindert werden, dass die Rhinokonjunktivitis in ein Asthma bronchiale übergehen kann. Das Asthma bronchiale beeinflusst die quality of live stärker als die Rhinokonjunktivitis.

Schwere lebensbedrohliche systemische Reaktionen treten bei Durchführung der SIT sehr selten auf, d.h. weniger als 1 von 10 000 Fällen. Gemäß der Daten aus dem Paul Ehrlich Instituts (1991-2000) wurde eine Inzidenz von 0,002-0,0076% bezogen auf Injektionen bei nicht modifizierten Allergenextrakten und von 0,005-0,01% bei chemisch modifizierten Allergenextrakten (Allergoide) errechnet.

Fazit

Die SIT ob als SCIT oder als SLIT ist die einzige kausale Therapie zur Behandlung von allergischen Erkrankungen, wie auch der der Hausstaubmilbenallergie.

Die SIT ist eine sichere Therapie mit auch guten Erfolgen bei der SIT der Hausstaubmilbenallergie.

Die Erfolgsquote ist höher bei der Behandlung der Rhinokonjunktivitis als bei der Behandlung des Asthma bronchiale.

Es ist möglich, dass in einigen Jahren zur SIT rekombinante (gentechnologisch hergestellt) Präparate (Einzelallergene, wie z.B. bei Dermatophagoides pteronyssinus Dermato p 1 etc.) den Gesamtextrakt ersetzen könnten. Dadurch wäre es auch theoretisch möglich das Präparat genau für den Patienten herzustellen.

Kapitel 15

Die Haut und die Hausstaubmilbe

Auch die äußere Haut des Menschen kann von einer Hausstaubmilbenallergie wie dermatophagoides pteronyssinus betroffen sein.

Bei der äußeren Haut gibt es folgende Krankheitsbilder, wie die atopische Dermatitis (Neurodermitis diffusa, exogenes Ekzem), Kontaktdermatitis und die Urtikaria.

7-10% der Hausstaubmilbenallergiker bzw. sensibilisierten Patienten leiden unter der atopischen Dermatitis, hervorgerufen durch den Kontakt mit dem Hausstaub und den darin enthaltenen Hausstaubmilben, wie Dermatophagoides pteronyssinus und andere Hausstaubmilben.

Die atopische Dermatitis kennzeichnet das Krankheitsbild einer chronischen, immer wiederkehrenden Hautentzündung. Diese ist oft mit einem starken Juckreiz verbunden. Sie zeigt sich in der Rötung der Haut, Krusten- und Schuppenbildung. Die Haut hat nicht mehr den üblichen Glanz und ist sehr schuppig. Sie sieht sehr angegriffen und krank aus.

Die atopische Dermatitis/ atopisches Ekzem ist eine über das IgE vermittelte Allergie. Somit sollte beim Auftreten der atopischen Dermatitis im Wohnbereich an eine spezifische IgE Messung mit Dermatophagoides pteronyssinus gedacht werden, wie z.B. den Allergenscheiben EAST (Enzym Allergo Sorbent Test), CAP, Flüssigallergensystem etc.

Ein Haut-Prick-Test sollte nicht durchgeführt werden, da die Haut durch die Erkrankung sehr verletzt ist und in Mitleidenschaft gezogen wurde. Mit dem Haut-Prick-Test würde man die Haut noch weiter schaden und die Aussagekraft des Hauttests ist auch sehr fraglich.

Die Symptome der atopischen Dermatitis können von verschiedenen Faktoren beeinflusst werden. So wirken sich z.B. Kleidung und Nahrungsmittel negativ auf die Erkrankung aus. Auch der Kontakt mit den Hausstaubmilben Dermatophagoides pteronyssinus hat einen sehr negativen Einfluss auf das Krankheitsbild der atopischen Dermatitis.

Aber auch Tierhaare, wie z.B. von der Katze, kuscheln mit der Katze im Bett, kann eine atopische Dermatitis auslösen. Ja sind es die Haare der Katze oder die Milben, die sich im Katzenhaar mit befinden? Auf alle Fälle sind die Haare der wichtigste Träger für das Katzenhauptallergen Fel d1, das in dem Speichel der Katze vorkommt. Dieses wird durch das Lecken der Katze auf das Fell übertragen.

Schon im Säuglingsalter wird das Krankheitsbild der atopischen Dermatitis diagnostiziert, d.h. meist ab den 4. Monat nach der Geburt. Oft geht während der Entwicklung mit den Jahren dieser sogenannte Milchschorf wieder zurück. Wenn die Haut bei dem Atopiker (Allergie wird vererbt) so entzündet ist, hat er ein erhöhtes Infektionsrisiko, da der Schutz durch die Haut sehr beeinträchtigt ist.

Zur „Heilung" der Haut kann er verschiedene Hautschutz, Reinigungs- und Hautpflegemittel einsetzen oder gegen die Erkrankung die dafür abgestimmten

Medikamente einnehmen (oft cortisonhaltige Präparate), natürlich in Absprache mit dem behandelnden Arzt/in. Aber oft hilft schon eine vernünftige Lebensweise und Ernährung und Nahrungsergänzungsmittel, die in Apotheken gekauft werden können. Das sollte man ebenfalls vorab mit seinem Allergologen/in (Dermatologen/in) absprechen, damit es ganz genau auf die Krankheit abgestimmt ist.

Auch konnte gezeigt werden, dass die spezifische Immuntherapie mit z.B. mit einem Dermato-pahogoides pteronyssinus Präparat, zu empfehlen ist, wie z.B. einen entsprechendem Allergoidpräparat. Der Arzt/in weiß schon was richtig und wichtig für sie ist.

Die Allergene von Dermatophagoides pteronyssinus ließen sich auch noch nach der Waschung der Haare nachweisen, d.h. sie wurden durch das Haarshampoo nicht zerstört.

Ein weiteres Krankheitsbild der Haut stellt die Kontaktdermatitis dar. Auch diese macht sich bemerkbar in Form von Hautrötung, Juckreiz und Schuppen-bildung. Es handelt sich um eine allergische Spätreaktion und entsteht durch den direkten Kontakt mit einem bestimmten Stoff, häufig sind es irgendwelche Chemikalien.

Zum Abschluss sei noch die Urtikaria erwähnt. Sie drückt sich in stark juckenden Quaddeln aus. Parallel dazu kann auch Fieber und Schüttelfrost ja sogar Schock auftreten. Die Urtikaria ist das häufigste Erscheinungsbild einer allergischen Reaktion bzw. Überempfindlichkeit an der äußeren Haut. Die Nesselsucht, so wird die Urtikaria auch genannt, ist nicht nur allergisch, sondern auch pseudoallergisch, d.h.

die Symptome sind wie bei einer Allergie, die aber nicht IgE vermittelt ist, d.h. eine Pseudoallergie kann über das Serum oder Plasma, gewonnen über das Blut des Patienten, z.B. über den Allergenscheiben ELISA, CAP oder Flüssigallergensystem NICHT gemessen und nachgewiesen werden.

Auch kann die Nesselsucht physikalische Gründe haben oder Aufgrund unbekannter Ursache bedingt sein. All das muss vom Allergologen/in gemeinsam mit dem Patienten abgeklärt werden. In einigen Fällen erfordert das schon ein kriminalistisches Gespür um den Verursacher auf die Spur zu kommen.

Fazit

Die äußere Haut stellt auch eine Plattform für eine allergische Erkrankung dar, wie die atopische Dermatitis (Neurodermitis diffusa), Kontaktdermatitis und Urtikaria.

So leiden 7-10% der Hausstaubmilben Dermatophagoides pteronyssinusallergiker bzw. sensibilisierten Patienten an der Neurodermitis diffusa.

Mit dem Magic Stick konnten auf der menschlichen Haut Allergene von Dermatophagoides pteronyssinus einfach und schnell von mir nachgewiesen werden. Eine Linderung bringt u.a. die spezifische Immuntherapie mit einem Dermatophagoides pteronyssinus Präparat.

Kapitel 16

Der allergische Marsch

Man ist immer bemüht zu ermitteln ob es schon früh Anzeichen für eine allergische Erkrankung bei Atopikern (Allergie wird vererbt) gibt. Hierbei hilft die Untersuchung von Herrn Professor Ulrich Wahn (Charite, Berlin) und Mitarbeitern zum allergischen Marsch, den er zum Marathon erweitert hat.

Der allergische Marsch nimmt Bezug auf eine typische Abfolge im Auftreten und verschwinden atopischer Krankheitssymptome der Haut und der Atemwege, so wie bestimmter IgE (Immunoglobulin E) Antworten gegen Nahrungsmittel und Umweltallergene, wie auch der Hausstaubmilbe Dermatophagoides pteronyssinus.

Der allergische Marsch wird ganz wesentlich von genetischen Faktoren geprägt. Im Allgemeinen sind klinische Krankheitsmanifestationen bei der Geburt nicht erkennbar, obwohl die IgE Produktion bereits mit der 11. Fetalwoche einsetzt.

Schon bereits während der ersten Lebensmonate des Kleinkinds entwickeln sich spezifische IgE Antworten vor allem gegen Nahrungsmitteleiweissstoffe (Proteine), insbesondere Hühnerei und Kuhmilch.

Die Hühnereiallergie scheint sich noch vor dem zweiten Lebensjahr des Kleinkindes zu entwickeln. In 55% der Fälle ist sie bis zum 6 Lebensjahr wieder verschwunden.

Erst zwischen dem 1. und 10. Lebensjahr wird eine IgE vermittelte Sensibilisierung aus der Außenluft oder dem Innenraummilieu beobachtet. Dazu zählen Allergene der Milben wie Dermatophagoides pteronyssinus und Tierepithelien, hier besonders der Katze.

Bedenken sie aber, in dem Fell der Katze befinden sich Milben und Schimmelpilze. So auch die Hausstaubmilbe Dermatophagoides pteronyssinus. Das muss auch bei einer vermeintlichen Katzen-allergie (Tierhaarallergie) mit berücksichtig werden. Nicht dass es sich um eine Milbenallergie und nicht Tierhaarallergie, wie z.B. der Katze, handelt und sie fälschlicher Weise ihr geliebtes Tier aus dem Haus geben mussten.

Es zeigte sich, dass IgE Antikörperantworten, die sich bereits im Säuglingsalter gegen Nahrungsmittel-proteine entwickeln, als früheste Atopieerkenner für eine allergische Reaktivität der nachfolgenden Sensibilisierungen auf „Luftallergene" wie auch die Hausstaubmilbe Dermatophagoides pterobnyssinus aufgefasst werden müssen.

Die erste klinische Krankheitssymptomatik ist in der Regel die atopische Dermatitis (Hauterkrankung), die bei Atopikern festgestellt werden kann. Die saisonale Rhinokonjunktivitis, wie z.B. durch Heuschnupfen, ist im Allgemeinen in den ersten beiden Lebensjahren des Kleinkindes nicht erkennbar.

Schimmelpilze wie Alternaria tenuis, Cladosporium herbarum, Penicilium notatum etc. spielen bis zum sechsten Lebensjahr des Kindes keine Rolle.

Fazit

Bei Atopikern beginnt die IgE vermittelte Sensibilisierung mit Hühnerei und Kuhmilch. Zwischen dem 1. Und 10. Lebensjahr des Klein-kindes wird eine IgE vermittelte Sensibilisierung aus der Außenluft oder dem Innenraum beobachtet, was auch die Hausstaubmilbe mit ein bezieht. Das erste auftretende Krankheitssymptom ist die atopische Dermatitis (Hauterkrankung), die kann in ca. 7-10% der Hausstaubmilbenallergikern auch auftreten. Häufiger tritt bei der Hausstaubmilbenallergie Dermatophagoides pteronyssinus die Rhinitis oder das atopische Asthma bronchiale auf.

Noch was?

Ja noch was wo sie aufpassen müssen. Wenn sie mal in den Genuss von Milbenkäse kommen sollten, gibt es wirklich, dann müssen sie schnell sein, denn sonst läuft er ihnen im wahrsten Sinne des Wortes weg, frei nach dem Motto Let`s spend the mite together. Und wenn sie dann allergische Reaktionen zeigen sollten, dann die große Frage. ist es die Milbe oder Casein, die die auslöste.
Neues Thema für neues Buch? Wer weiss.

Auf Anregung von dem großen Musikus Herrn Rainer Thomsen, Kantor und Organist von meiner Lieblingskirche St. Johannis in Hamburg Eppendorf.

Ein Gedicht

Milbe Hilfe in Sicht

Dr. Rüdiger Wahl

Staub in Wohnung Staub in Socken
wie kann man bloss die Milben locken
um zu zerstören das Allergen
klarer Atem ich mich nach sehn.

Überall sind sie versteckt
mensch Dermatophagoiodes verreck
Acarizid hab ich schon in Planung
Herr und Frau Milbe ne echte Warnung.

Auf das Polster rauf gestreut
dieser Kauf wirklich nicht bereut
denn nun tritt endlich Ruhe ein
das ist das Ziel so soll es sein.

Das Bett mit Encasings überdeckt
Milben nun komplett verschreckt
genau so sind sie isoliert
auch Farinae das kapiert.

Vorher Atem ging noch schwer
fragte, wo kommt bloss Erleichterung her
das Beides hat es gebracht
führte zu einer ruhigen Nacht.

Heuschnupfen das war einmal
Milben nicht mehr in Überzahl
endlich wieder Atem frei
nichts liegt mehr auf der Lunge wie Blei.

Im Bett nun wieder sanft einschlummern
Milben verzweifelt gegen Encasings wummern
keine Chance da kommt ihr nicht weg
hat wirklich keinen Zweck.

Milbenallergie das ganze Jahr
wenn man was tut dann sie war.

Sachwortregister

A
Acari 26,51
Acarus siro 36
Anamnese 66
Allergie perennial 41
Akarizide 19, 50, 51
Allergische Marsch 91
Atopiker 28
Alternaria alternata 20, 45
Allergon 25, 27, 32
Asthma 61
Antihistaminika 69
Allergie-Ringversuch 79

C
Chyletus eruditus 16
Citronella 52,53
Cosensibilisierung 35, 37

B
Bettdecke 21
Bett 21,38
Birkenfeige17,18
BIO 53

D
Dermatophagoides pteronyssinus 16,15,25
Dermatophagoides farinea 15

Hausstaubmilbe 14, 20, 25, 27,35, 43, 87
Hausstaubmilbenallergie 61
Historie 15
Haut Prick Test 66,68
Hautschuppen 21, 29, 37,43

I
IgE 10,77
In vivo 77
In vitro 77
INSTAND 78
Insektizide 51
Intracutan Test 69

J
Johansson 10,77

K
Kreuzreaktion 57
Krankheitsbilder 61
Kunststoff 21

L
Lepidoglyphus destructor 27
Landwirtschaft 27

M
Matratze 38,49
Magic Stick 22,34,43,48
Mobility Methode 31
Meeresklima 62

Milbenkäse 94

N
Nordic guidelines 32
Neurodermitis 61

P
Provokationstest 72
Perenniale Allergie 23,41,43, 62
Pollengitter 18
Pyroglyphidae 25
Pollen 41
Pheromone 26

R
Raubmilbe 15
Rhinitis 61

S
Spezifische Immuntherapie 19, 82
SIT 19,82
Spezifische IgE Messung 20
Stroh 28
Staubsauger 53
Spray 52
Shrimps 59
SCIT 82
SLIT 82
Schimmelpilze 20,29,45
Schlafbereich 21
Spinnentiere 26

Positive Einflussfaktoren auf unsere Gesundheit

Abschließend zeigt uns Rolf Rettich mit seinem Bild, den glücklichen und gesunden Menschen, in einer sauberen und harmonischen Umwelt.

Wie schön das Leben sein kann, wenn auch das Verständnis für die eigene Umwelt vorhanden ist.

Wir hoffen, wir konnten mit den Erkenntnissen aus diesem Buch, ein wenig zu diesem Gefühl beitragen.

Zeitfracht Medien GmbH
Ferdinand-Jühlke-Straße 7
99095 Erfurt, Deutschland
produktsicherheit@kolibri360.de